RECEPCIONISTA WELLNESS-SPA

Formación profesional para el sector del bienestar

Para Leo

ÍNDICE

Introducción   pag.11

1. El recepcionista - La importancia de un buen trabajo   pag.13

2. Funciones del recepcionista   pag.17

3. El recepcionista en un wellness-SPA - Requisitos   pag.21

4. Atención al cliente   pag.25

5. Los diferentes centros de bienestar   pag.29

6. Las instalaciones de los centros wellness   pag.33

7. El personal dentro de un centro wellness   pag.39

8. Organización de tareas   pag.43

9. Los servicios y tratamientos dentro de un centro wellness-SPA   pag.47
    9.1   El servicio de masaje   pag.49
    9.2   Terapias energéticas y reflexológicas   pag.57
    9.3   Tratamientos faciales   pag.61
    9.4   Los tratamientos corporales   pag.67
    9.5   Los servicios de hidroterapia   pag.71
    9.6   El fitness   pag.77
    9.7   Los servicios de salud   pag.81

10. Venta de productos en el centro   pag.84

INTRODUCCIÓN

¿Qué ventajas te da tener conocimientos especializados en el área wellness-SPA?

Te ayudará a destacar en el ámbito profesional del bienestar, salud y masaje. Gracias a este libro, podrás aumentar tu desarrollo personal y compromiso con la profesión.

En este libro encontrarás la recopilación de información específica sobre la industria, lo cual te da una base sólida e indispensable para trabajar o como apoyo para los trabajadores que supervisen de estos departamentos para el puesto de recepcionista de centros de masajes, estética, balnearios, talasoterapias etc. También para masajistas, esteticista o sanitarios que deseen pulir su trato con el cliente o paciente.

Es un compendio de todo lo que un buen terapeuta, recepcionista o gerente tiene que saber sobre la recepción en este tipo de espacios.

Manual de uso obligatorio para directores, encargados, gerentes y toda aquella persona que esta interesada en como funciona recepción wellness, ya que contiene instrucciones fundamentales para su plantilla y gracias al cual un director o encargado se ahorra muchas horas de trabajo preparando el manual o procedimiento para todo el departamento.

Nosotros te damos el conocimiento necesario, tú lo pones en práctica y allí obtienes la experiencia, para llegar a la perfección y maestría en esta profesión, creándote de esta manera un perfil completo y atractivo para tu desarrollo personal y profesional.

1. EL RECEPCIONISTA
LA IMPORTANCIA DE UN BUEN TRABAJO

El recepcionista es la carta de presentación del negocio; es la primera persona con la que los clientes interactúan, y desde ese momento comienzan a formarse una imagen de lo que pueden esperar si deciden reservar un tratamiento en este SPA. Si el recepcionista es amable, educado, profesional y eficiente, es muy probable que el cliente piense que su experiencia sea igualmente positiva, durante su tratamiento.

Por el contrario, si el recepcionista no muestra la misma amabilidad y profesionalidad que los clientes esperan, es posible que su experiencia inicial no sea tan acogedora. En un SPA o centro de belleza, donde los clientes buscan relajarse y alejarse del estrés cotidiano, es fundamental que el personal refleje esa atmósfera de calma y bienestar desde el primer contacto. Un recepcionista competente y atento asegura que la experiencia sea tan placentera como se espera, creando una impresión positiva y duradera.

Contar con una persona adecuada y bien preparada en la recepción es tan importante como disponer de excelentes masajistas, terapeutas y esteticistas. A veces, se subestima el valor de este puesto clave, pero un recepcionista competente y profesional es fundamental para garantizar que cada cliente tenga una experiencia fluida y placentera desde el primer momento. Elegir con cuidado al personal de recepción es una inversión que se traduce en una impresión positiva y duradera, lo que refuerza la calidad del servicio y la satisfacción de los clientes

Veamos, cuáles son los riesgos de darle puesto de recepcionista a una persona equivocada.

Aquí hay infinidad de situaciones, en las cuales el cliente puede sentir que no se le atendió con profesionalidad, pudiendo reclamar, pidiendo el reembolso o hablar directamente con el manager del centro. Vamos a mencionar algunos ejemplos prácticos.

Primer ejemplo:

El cliente viene a hacer reserva de un tratamiento específico, dado que tiene una condición de salud, con la que hay que tener cuidado, para no agravar su estado hay que evitar tocar una zona en concreto.

El recepcionista hace la reserva, pero no deja nota (ficha del cliente o paciente depende del caso o centro) ninguna sobre su condición, pensando que el mismo va estar trabajando este día y se va acordar de mencionarlo al terapeuta. Pero algo cambia, el recepcionista este día no está trabajando y el terapeuta sin saber acerca del problema de salud del cliente, empieza a tratarlo y le pregunta por sus problemas.

El cliente se ve obligado a repetir todo el cuestionario y se da cuenta, que no le ha llegado la información a su terapeuta sintiendo, que perdió el tiempo en la recepción.

Segundo ejemplo:

Una clienta embarazada pide un masaje. El recepcionista, por falta de formación no sabe, el tipo de contraindicaciones que puede tener y quién puede realizar estos, dando una cita no adecuada. Los servicios que se pueden realizar a mujer en estado requieren formación específica de un personal preparado y un conocimiento previo sobre el desarrollo del embarazo (vendría indicado por la embarazada, dado por su médico).

Tercer ejemplo:

Puede pasar que, aunque el tratamiento recibido en la cabina fue excelente y el trabajo realizado por el terapeuta fue muy correcto, pero por falta de profesionalidad del recepcionista, en la recepción o despedida amable con cliente para finalizar el proceso, puede dejar "mal sabor en la boca" y arruinar un trabajo excelente de los terapeutas.

Cuarto ejemplo

Por el contrario, puede que el tratamiento en la cabina no ha salido del todo bien o no era lo que esperaba el cliente y sale algo disgustado. Aquí es vital disponer de un recepcionista profesional y bien preparado, ya que la forma en que el recepcionista trate el incidente puede cambiar la situación de forma positiva para todos.

Quinto ejemplo:

Hay dos clientes citados a la misma hora, uno tiene reservado masaje ayurveda y el otro masaje de piedras calientes. Los terapeutas no se han coordinado ni mirado las fichas de los clientes de forma correcta y han dado a los clientes los tratamientos equivocados. Esta situación requiere mucha destreza del recepcionista, para que ambos clientes acaben contentos y relajados.

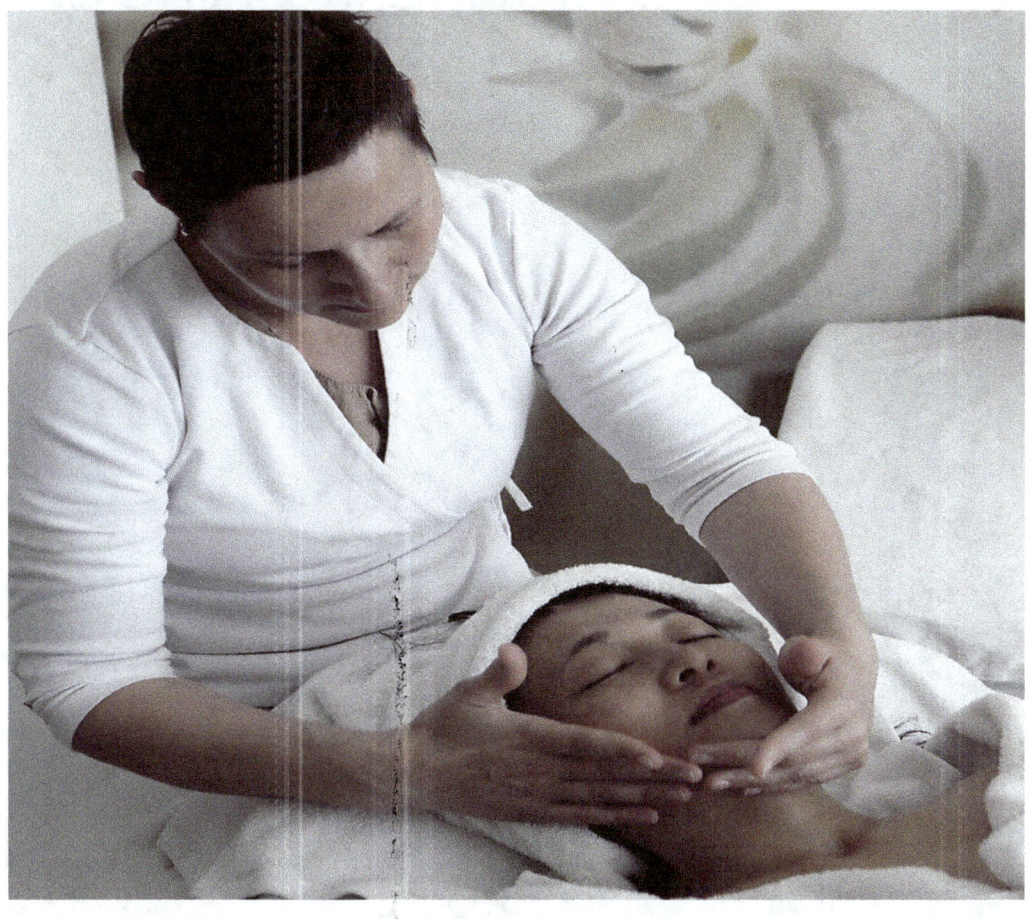

Hay un sinfín de posibilidades de lo que puede salir mal, ya que cada cliente, trabajador y espacio de trabajo es un mundo y la única forma de afrontar a cada uno de ellos de forma positiva, es una buena formación y experiencia.

Estos ejemplos pueden parecer exagerados, pero están sacados del día a día, de trabajo en centros SPA y cualquiera que trabaje en este sector no tardará mucho en ver este tipo de incidentes y si no tiene una adecuada capacitación, no va poder afrontarlo con calma, ni resolverlo de forma adecuada. Un buen recepcionista tiene que saber identificar todos estos puntos y poder darle importancia a cada uno de ellos según corresponde y saber gestionar cada caso.

2. FUNCIONES DEL RECEPCIONISTA

En general, un recepcionista debe ser capaz de realizar su trabajo de forma efectiva proporcionando buenas sensaciones a todos los clientes y coordinar al equipo para que el trabajo salga de forma organizada y eficaz. Tanto en persona como por teléfono, correo electrónico u otros medios, debiendo desarrollar una serie de capacidades elementales en sus labores:

Comunicación efectiva

Aprender a comunicarse de manera clara y amable tanto con los clientes, como con los compañeros de trabajo, proveedores etc. Es esencial para brindar un excelente servicio, de esta manera reducir al mínimo la posibilidad de quejas, conflictos y agilizar el trabajo.

Idiomas

Trabajar de cara al público requiere poseer facilidad de comunicarse en varios idiomas. Dominio de ellos en una recepción es imprescindible. Lo que se espera de un buen recepcionista es poder conversar con soltura al menos en el ingles, pero según el destino turístico el idioma principal puede cambiar.

Conocimiento del negocio

Conocer bien la organización en la que se trabaja, sus servicios o productos y sobre todo las políticas internas para poder responder preguntas y brindar información precisa, con el fin de vender más y mejor.

Uso de herramientas y tecnologías

Familiarizarse con el programa de gestión de reservas, sistemas telefónicos, correos electrónicos y otras herramientas utilizadas en la recepción, ya que todo se gestiona por estos medios.

Resolución de problemas

Aprender a lidiar con imprevistos o conflictos de manera profesional y encontrar soluciones adecuadas con calma y sin "perder la cabeza".

Atención al cliente

Sera fundamental desarrollar habilidades para brindar un servicio excepcional al cliente, mostrando empatía y paciencia en todo momento. Nunca responder al cliente empezando por un NO.

Etiqueta telefónica

Gestionar las llamadas de manera correcta, recopilando la información precisa y transfiriéndola de manera adecuada.

Las funciones de cobro

Las funciones del recepcionista al cobrar incluyen: Procesar pagos en efectivo, tarjetas de crédito o mediante otros métodos electrónicos de manera precisa y segura. Generar y entregar recibos o facturas detalladas, asegurando que toda la información sea clara y correcta. Mantener un registro actualizado de los cobros realizados en el sistema de gestión del negocio. Resolver cualquier consulta del cliente respecto a precios, descuentos o métodos de pago. Al final del día, realizar el balance de ingresos y asegurar que las cuentas cuadren.

Manejo de correspondencia

Aprender clasificar, recibir y enviar correspondencia, así como coordinar paquetes y entregas, para que quede claro en todo momento y para todos los involucrados el estado de cada correo u paquete.

Conocimientos básicos de contabilidad

Saber gestionar los programas básicos de contabilidad que utilice la empresa para gestionar pagos, facturas y temas financieros relacionados con la recepción.

Manejo del tiempo

Aprender a priorizar tareas y administrar el tiempo de manera eficiente, gestionar múltiples tareas, para mantener una recepción efectiva y organizada.

Reservas y check-in/check-out

Conocer el proceso de reservas, asignación de habitaciones y el procedimiento de registro y salida de los huéspedes, ya que estas gestiones están siempre relacionadas con las reservas o pre-reservas en los centros wellness de los hoteles. Gestión de los horarios de los terapeutas, cabinas del centro y aforo de los espacios del centro como pueden ser zonas húmedas, recreativas, áreas fitness, baños etc...

Seguridad y privacidad

Entender la importancia de mantener la confidencialidad de la información del cliente y asegurar la protección de los datos. Estando al corriente de la ley de privacidad del país en que estamos y colaborando con el asesor laboral.

Trabajo en equipo

Aprender a trabajar en equipo para coordinar con otros departamentos y colegas en la empresa.

Cortesía y amabilidad

Cultivar una actitud positiva y amable para crear un ambiente acogedor en la recepción y generar una buena impresión a los visitantes. El cliente nunca debe percibir estrés por nuestra parte, ya que viene a un centro wellness precisamente para relajarse.

3. EL RECEPCIONISTA
EN UN WELLNESS-SPA
REQUISITOS

Cuando hablamos sobre un "recepcionista SPA", nos referimos a todo recepcionista que está trabajando en un área de bienestar, aunque siempre habrá diferencias dentro de estos centros, a modo general tendrán el mismo trabajo.

Aparte de los puntos genéricos descritos anteriormente en el tema 2, un recepcionista dentro de un centro de bienestar (wellness) debería tener los siguientes requisitos:

Conocimientos de servicios y tratamientos

Es fundamental que el recepcionista tenga conocimientos básicos sobre los servicios y tratamientos que ofrece el centro, para poder dar información adecuada y aconsejar sobre cada uno de los tratamientos, sobre sus beneficios y contraindicaciones. De hecho, se valora mucho si el recepcionista es también terapeuta, pues el poder rotar a los terapeutas en sus jornadas es muy beneficioso para la salud de los trabajadores, ya que es una buena manera de evitar la sobrecarga de los masajistas.

Habilidades de venta y upselling

El recepcionista tiene que ser discreto y respetuoso, pero también puede ayudar en gran medida a la venta de servicios y productos adicionales en el centro creando una mejor experiencia para el cliente e incrementando las ventas del centro. Sin ser intentos de ventas agresivas, debe ofrecer mejoras que se adecuen a las necesidades de los usuarios del centro con tratamientos adicionales y productos, para prolongar el efecto del tratamiento recibido, cuando lo vea necesario.

Conciencia de bienestar y salud

Un recepcionista wellness- SPA debe tener una comprensión general de los conceptos de bienestar y salud. Aparte de conocimientos sobre técnicas de relajación, terapias holísticas y otros enfoques para el bienestar, tener claro que es y en qué se diferencia un wellness, centro de belleza, centro de masaje, fitness, SPA, balnearios, talasoterapia etc…

Sensibilidad y empatía

Los centros wellness-SPA suelen ser lugares donde las personas buscan relajarse y rejuvenecer, incluso algunas veces vienen con dolencias o enfermedades.

El recepcionista debe ser sensible a las necesidades, estados emocionales y físicos de los clientes, mostrando empatía y comprensión en todo momento. Los clientes tienen que tener la sensación de relax y tranquilidad al entrar en la zona wellness en todo momento.

Reserva de citas y horarios

Gestionar reservas para todos los terapeutas de centro no es fácil. El recepcionista de SPA debe asegurarse de no sobrecargar los trabajadores y mantener fluido el tráfico de clientes, respetando los horarios.

Multitarea

Hay momentos durante el día con muchos clientes en recepción a la vez que el teléfono sonando sin parar y con los correos con solicitudes entrando todos al mismo tiempo. El recepcionista debe ser capaz mantener la calma bajo presión y manejar múltiples tareas.

Ambiente relajante

Primero de todo, el recepcionista tiene que transmitir tranquilidad, ya que es a la cara visible al entrar al centro. Lo que se espera en un centro wellness-SPA, es que haya un ambiente relajado y sereno. El recepcionista puede estar encargado de coordinar que este ordenado, limpio y decorado con gusto. Aparte de poner música relajante y asegurarse, de que se habla en voz baja en todo momento.

Imagen y presentación personal

Nuestra apariencia personal es la primera impresión que se lleva el cliente, refleja mucho de nuestra personalidad, nuestro cuidado y mimo en tener una adecuada imagen de cara al público, es esencial en un trabajo donde nos dedicamos a la salud y bienestar de nuestros clientes.

En resumen:

Un recepcionista de un centro wellness-SPA requiere mucho conocimiento específico del mundo del bienestar, relacionado con el trabajo de cara al público y bajo presión, presentación personal, gestión de servicios, para una buena atención de los clientes, que vienen en busca de cuidado personal y relax.

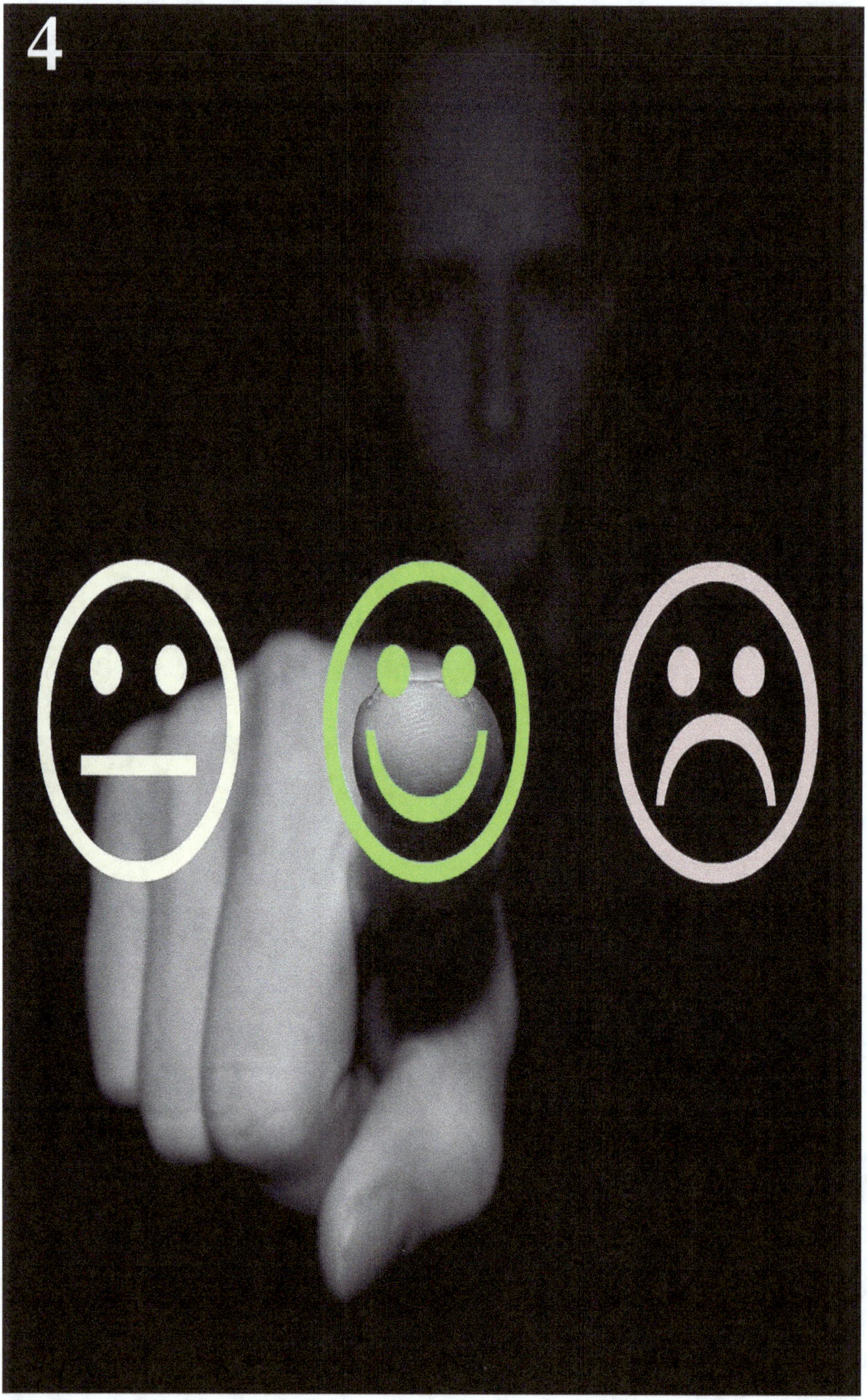
4

4. LA ATENCIÓN AL CLIENTE

La atención al cliente forma parte esencial en un negocio de cara al público, para la satisfacción de quienes visitan el establecimiento y para el buen funcionamiento de la empresa. Es más, sin una buena atención al cliente el negocio no va obtener buenos resultados. Unas instalaciones anticuadas pueden servir bien, si les damos muy buena atencion al cliente, pero unas instalaciones modernas no van a servir de mucho, si la atención que reciben los clientes es mediocre. Aquí van algunos puntos clave a tener en cuenta

Saludo amable

La primera impresión es esencial y se consigue con una sonrisa y un saludo cordial.

Conocimiento y capacitación

Los recepcionistas deben estar bien informados en todo momento, tanto sobre los servicios, productos, el funcionamiento de la organización, para poder responder a las preguntas y asistir al cliente de forma efectiva.

Escucha activa

Para responder a las preguntas del cliente, hay que prestar atención a las necesidades, que está comunicando el cliente. Escucha con interés para resolver sus dudas.

Comunicación clara

Las explicaciones tienen que ser claras y precisas, evitando lenguaje técnico o confuso.

Tiempo de espera mínimo

Atender a todos de forma rápida y efectiva sería ideal, pero no siempre es posible. Hay veces, que los clientes tienen que esperar para ser atendidos. Ofrecerles sillas y algo de lectura o una pantalla en recepción, con videos de tratamientos, puede ser de gran ayuda.

Identificación clara

La entrada al centro no siempre está bien señalizada y cuesta encontrar el camino. Si es aplicable, asegúrate de que haya una señalización adecuada para ayudar a los clientes encontrar la recepción fácilmente.

Resolución de problemas

Hay que estar preparado para lo imprevisto y ser capaz de resolver quejas y problemas. El cliente no debe nunca salir del centro enfadado o con un problema sin resolver. Esto es primordial y se consigue con una buena formación.

Respeto a la privacidad

Respeta la privacidad de los clientes y no compartas información confidencial sin su consentimiento. No se habla de ningún cliente de manera informal delante de otros clientes.

Feedback

La opinión de los clientes es la que nos ayuda a mejorar. Solicita retroalimentación de los clientes sobre su experiencia en la recepción.

Limpieza

Mantén el área de recepción ordenada y limpia. Los clientes deben sentirse cómodos mientras esperan.

Formación continua

Este punto es muy importante. Proporciona capacitación constante a tu personal de recepción para mantener sus habilidades y conocimientos actualizados. Una persona estancada, se queda atrás.

Sistemas de reserva

Los programas o sistemas de reservas tienen que ser eficaces y precisos, para el buen funcionamiento de la recepción.

Seguridad

Garantiza la seguridad de los clientes, ya que somos responsables por cada uno de ellos mientras están en nuestras instalaciones. Esto incluye medidas como el control de acceso y la protección de sus datos personales.

Despedida cortés

Cuando el cliente se marche, hay que despedirlo con agradecimiento y deseo verdadero de que vuelva.

Todo esto es esencial para la imagen y reputación.

5. LOS DIFERNTES CENTROS DE BIENESTAR

Estas definiciones son generales, cada centro tendrá sus características propias en función de cómo tuvo la percepción quien lo creo, la persona que lo gestiona, sus trabajadores, y por supuesto sus clientes. Normalmente vamos a encontrar centros mixtos donde un concepto destaca más que otros. Por ejemplo, un centro fitness donde hay una cabina de masaje o un spa con un pequeño gimnasio. No obstante, el recepcionista tiene que tener algunos términos claros. No es lo mismo un Spa, una talasoterapia o un balneario, aunque todos usen el agua como base de sus tratamientos y después tengan otras terapias como masaje, estética, etc...

Centro wellness

Normalmente se suele tener una percepción incorrecta de la palabra wellness como relacionada a servicios y/o productos de salud, como masajes, zonas de aguas, productos alimenticios, hoteles o gimnasios.

Un centro wellness está enfocado en el bienestar de las personas en el sentido más completo, teniendo en cuenta el cuerpo, la mente y el espíritu. Cada uno de estos elementos es vital para el equilibrio de la persona.

El enfoque esta puesto en promover la salud, prevenir enfermedades y mejorar la calidad de vida a través de diferentes prácticas, como la alimentación saludable, el ejercicio físico, la gestión del estrés, la relajación y la meditación.

En su oferta tienen asesoramientos personalizados para preparar programas de actividad física, nutrición, terapias de relajación junto con apoyo emocional.

Centro de belleza

Un centro de belleza ofrece servicios para mejorar la apariencia de una persona mediante tratamientos como limpieza de piel, faciales, maquillaje, depilación, manicura, pedicura, también pueden ofrecer estilismo para el cabello y peluquería y otros servicios de embellecimiento.

Centro de masaje

Los centros de masaje ofrecen amplia gama de masajes europeos, orientales, relajantes, profundos y holísticos. Normalmente, un cliente puede encontrar un masaje para su gusto, tanto si busca relajarse o tratar algún problema específico.

Fitness

Los centros fitness se dedican a la actividad deportiva, ejercicio físico y corporales para mejorar la salud física, fuerza, resistencia, flexibilidad. Toda la actividad se desarrolla en espacios con instalaciones y equipos para el entrenamiento cardiovascular, levantamiento de pesas y clases grupales como yoga, pilates, bailes etc.

Balneario

Un balneario es un establecimiento turístico localizado cerca de fuentes termales o aguas minerales, que poseen propiedades terapéuticas o medicinales.

Normalmente ofrecen una serie de tratamientos y servicios destinados a mejorar la salud y proporcionar la relajación de los visitantes, por lo que mucha gente acude a un balneario para tratar dolencias específicas como problemas musculares, articulares, respiratorios.

Los tratamientos se centran en sacar beneficios de las aguas termales y pueden incluir baños, duchas especiales, inhalaciones, hidroterapia, masajes, lodos termales y otras técnicas para aliviar dolores, mejorar la circulación y relajar. Todo esto puede estar acompañado de otras terapias como saunas, piscinas. Aparte, actividades físicas, programas de ejercicio, asesoramiento nutricional.

Los balnearios suelen ofrecer alojamiento y servicios de restaurantes con comida nutritiva. De esta forma los visitantes pueden hacerse tratamientos más seguidos, para obtener mejores resultados. Están localizados en zonas costeras, montañas, valles, lo cual ayuda a promover la relajación y el bienestar.

Centro SPA

Un centro SPA es un lugar donde se ofrecen terapias y tratamientos para el bienestar y relajación. Estos tienen agua tratada "de grifo" no teniendo ningunas propiedades minerales. Los servicios del SPA incluyen baños de vapor, saunas, jacuzzis, bañeras de hidromasaje, piscinas dinámicas, jets etc...

Centro de talasoterapia

En un centro de talasoterapia, puede haber los mismos servicios que en el SPA, pero utilizan agua de mar con unos requisitos mínimos de calidad y productos marinos para aprovechar las propiedades curativas del mar, mejorando de forma significativa la salud y el bienestar. Los centros de talasoterapia están localizados cerca de la costa, para tener fácil acceso al agua marina. En su oferta tienen envolturas de lodo, baños de algas, chorros de agua marina y masajes corporales y faciales con productos ricos en minerales y oligoelementos.

Normalmente vamos a encontrar centros mixtos donde un concepto destaca más que otros. Por ejemplo, un centro SPA donde hay cabinas de masaje y estética o un talasoterapia con area fitness y de belleza. No obstante, el recepcionista tiene que tener estos términos claros.

6. LAS INSTALACIONES
DE LOS
CENTROS WELLNESS

Las Áreas básicas

Las instalaciones de los centros wellness van a variar, según el enfoque y el tamaño de los establecimientos, pero aquí hay algunas esenciales frecuentemente encontradas en estos establecimientos teniendo en cuenta la circulación seca circulación húmeda y mixta.

Áreas secas

Zonas diseñadas para el paso del cliente de la calle donde normamlmente habrá una circulación de personas que no vienen a ninguna acctividad, en la cual tengan que mojarse, las normativas de seguridad e higiene son adecuadas a este efecto:

Recepción
Zona, donde se recibe a los clientes, donde pueden obtener información y reservar tratamientos.

Salas comunes
Espacios adicionales para esperar por nuestro tratamiento, socializar y descansar, como salas de estar con cómodos sofás o áreas de jardín al aire libre.

Salas de tratamientos
Son habitaciones de uso privado, acomodadas para realizar tratamientos de SPA, masajes, envolturas, cuidado de las uñas, tratamientos faciales.

Peluquería
Sala dedicada a la belleza del cabello.

Sala fitness
Un espacio para actividades físicas y clases grupales, equipado con máquinas de ejercicio.

Sala de yoga o meditación
Un espacio tranquilo, aislado del ruido para la práctica de meditación y yoga.

Cafetería
Un lugar donde los clientes pueden disfrutar de comidas ligeras, saludables o bebidas calientes y relajantes.

Baños
Baños limpios y bien equipados para uso de los clientes.

Áreas mixtas

Zonas donde el cliente puede estar de transición entre zona húmeda y zona seca.

Vestuarios

Espacios separados para hombres y mujeres, donde se encuentran armarios, duchas y zonas para cambiarse antes y después de los tratamientos.

Áreas húmedas

Zonas diseñadas para el paso del cliente de la calle donde normalmente habrá una circulación de personas que vienen de alguna acctividad relacionada con el agua, el suelo esta SECO pero suele mojarse. Las normativas de seguridad e higiene son adecuadas a este efecto.

Sauna seca

Instalación de calor con temperatura por encima de 70°C para relajación muscular y détox.

Baño turco

Instalación de calor húmedo para liberar tensiones y mejorar el estado de la piel.

Piscina termal o jacuzzi

Una piscina o jacuzzi con agua caliente, para terapias de hidroterapia y relajación.

El equipamiento básico

Para un centro de wellness y spa puede incluir una variedad de elementos que son esenciales para brindar servicios de calidad a los clientes y puede ser tan distinto entre un centro y otro. Aquí tienes una lista del equipamiento básico que es comúnmente necesario en este tipo de establecimientos

Camillas de masaje

Esencial para realizar tratamientos de masajes y terapias corporales. Hay camillas hidráulicas o eléctricas. También se puede usar las plegables, pero éstas son más para espacios compartidos, para eventos o presentaciones de masaje y para masaje a domicilio.

Mesas de aparatología y productos faciales

Utilizadas para tratamientos faciales, limpiezas y otros servicios de cuidado de la piel.

Equipo de estética

Incluye lámparas de luz fría, vaporizadores, lupas y equipos para tratamientos faciales y de belleza.

Mobiliario y equipamiento para salón de peluquería

Si se ofrecen servicios de peluquería o estilismo, será necesario adquirir sillas de peluquería, lava cabezas, espejos, secadores de pelo, entre otros.

Equipo de hidroterapia

Puede incluir bañeras de hidromasaje, duchas Vichy, baños de vapor, saunas y duchas de chorros para terapias de relajación y bienestar.

Mobiliario de sala de espera y área de relajación

Sofás, tumbonas, sillas cómodas y mesas auxiliares, para que los clientes puedan descansar antes o después de los tratamientos.

Equipamiento para terapias específicas

Dependiendo de los servicios ofrecidos, puede ser necesario adquirir equipos específicos, como lámparas de infrarrojos, dispositivos de electroterapia, de radiofrecuencia, aparatos de ultrasonidos, entre otros.

Equipo de fitness

Si el centro incluye un área de fitness, se requerirá equipamiento como cintas de correr, bicicletas estáticas, bicicletas elípticas, máquinas de tonificación, pesas libres, mancuernas, entre otros.

Utensilios y suministros para tratamientos

Toallas, sábanas, albornoces, productos de belleza, aceites esenciales, cremas y otros insumos necesarios para los tratamientos.

Equipo de limpieza y desinfección

Productos y equipos necesarios para mantener todas las áreas limpias e higienizadas.

Mobiliario de oficina

Escritorios, ordenadores, impresoras, estanterías y otros elementos para la gestión administrativa del centro.

Sistemas de sonido y música ambiental

Para crear una atmósfera relajante y agradable, sin interrupciones.

Además del equipamiento básico mencionado anteriormente, un centro we-llness-SPA puede optar por ofrecer experiencias únicas a sus clientes. Aquí hay algunas opciones de equipamiento especial que podrían considerarse.

Equipos de terapia de luz

Dispositivos de terapia de luz para tratamientos de fototerapia, que pueden ayudar con problemas de piel o mejorar el estado de ánimo, lo que puede ser de gran ayuda en la temporada del año, con poca luz solar y cuando muchas personas se sienten deprimidas.

Equipamiento de terapia de sonido

Dispositivos de terapia de sonido que emiten sonidos relajantes o música tera-péutica para inducir la calma y relajación profunda.

Recuerda que el equipamiento puede variar según la visión y el enfoque del centro wellness-SPA, así como el presupuesto y el espacio disponible. La clave es ofrecer una experiencia única y memorable que fomente el bienestar y la relajación de los clientes. Tener disponible algunos espacios, que el cliente pueda explorarlos solo, sin asistencia de un terapeuta, lo que podría añadir un efecto especial a la visita en el centro, creándole al cliente oportunidad de desconectar y a la vez, sin tener que emplear el personal en todo momento.

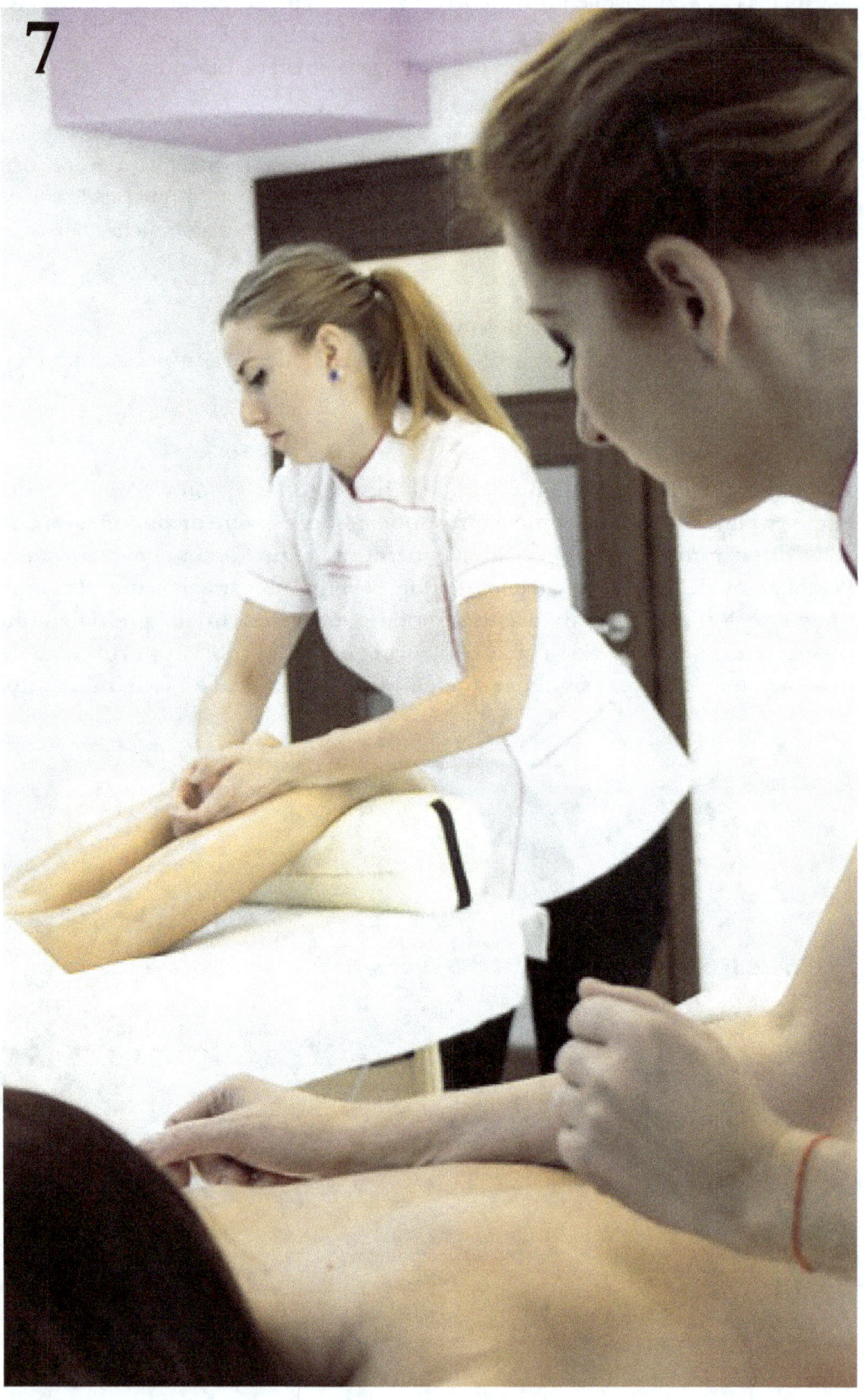

7. EL PERSONAL DENTRO DE UN CENTRO WELLNESS

En un centro SPA wellness, los trabajadores pueden variar según el enfoque del establecimiento y según su tamaño. Aquí te presentamos una lista creada según la relevancia de cada trabajador, empezando por los roles más comunes y esenciales:

Director del SPA

Responsable de garantizar, que el centro funcione de manera óptima y que todos los clientes reciban el mejor servicio posible en todo momento.

Recepcionistas

Encargados de recibir a los clientes, responder preguntas, informar sobre productos y servicios, gestionar y coordinar reservas del centro. Son la cara visible del centro y de primer contacto con los clientes.

Nutricionistas

Expertos en alimentación, nutrición y dietética, que ayudan a los clientes alcanzar sus objetivos para el bienestar y salud. Preparan programas de alimentación de forma personalizada y ayudan a seguirlos.

Terapeutas

Son profesionales especializados en terapias de bienestar y salud como masajes, hidroterapia y tratamientos corporales y faciales básicos. Trabajan para relajar, aliviar dolencias y mejorar el aspecto general mediante estos tratamientos.

Esteticistas

Son expertos en tratamientos de belleza y cuidado de la piel. Ayudan a mejorar la apariencia y la salud de la piel, mediante procedimientos de tratamientos, que pueden incluir exfoliaciones, masajes, aplicación de productos y el manejo de maquinaria especifica de estética.

Entrenadores personales y fitness

En algunos centros wellness, dependiendo de su enfoque, puede haber entrenadores personales, para asesorar a los clientes de forma personalizada en actividades físicas, rutinas de entrenamiento, clases grupales de meditación, yoga, pilates u otras.

Personal Sanitario

Bien como colaboradores o como eje central del negocio en un centro de bienestar puede haber personal sanitario como médicos, fisioterapeutas y enfermeros.

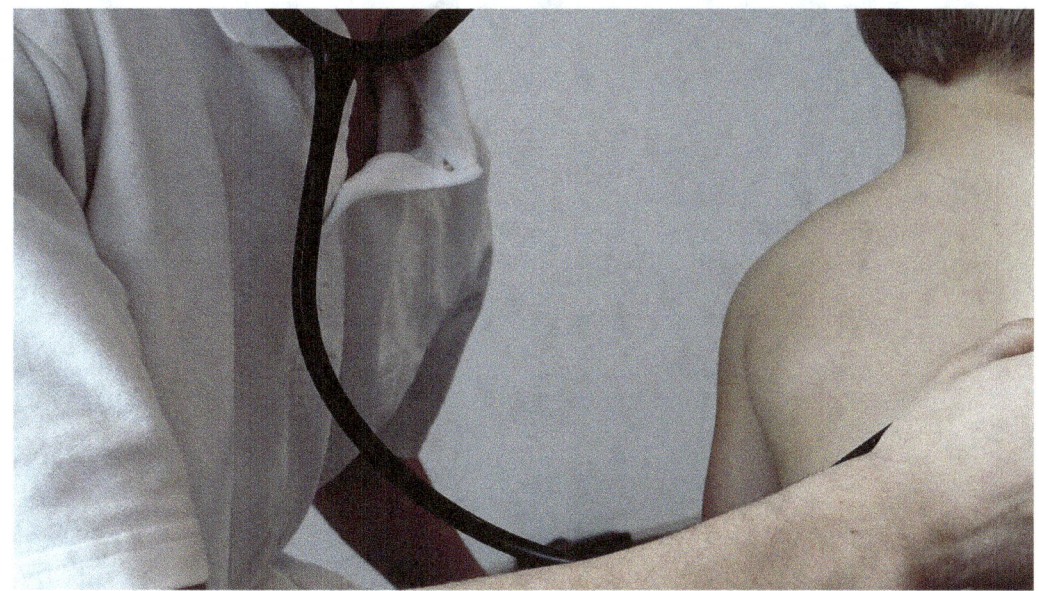

Personal de limpieza

Mantienen el centro en su estado óptimo de limpieza; ordenando y desinfectando las instalaciones, para mantener un ambiente higiénico para los clientes.

Personal de mantenimiento

Por sus características especiales, los centros wellness están equipados con maquinaria especializada, instalaciones profesionales, que requieren su mantenimiento y cuidado continuo, por lo que es necesario disponer de un equipo de mantenimiento, para mantener las instalaciones en buen estado.

Hay que mencionar, que la importancia de los trabajadores de los centros wellness puede variar, dependiendo de tipo del centro, su tamaño y la gama de servicios. En los centros más grandes, puede haber más roles especializados, en cambio en centros pequeños, algunos empleados pueden asumir múltiples funciones.

TODAY /
do great work
don't waste time
be kind
make it happen
be awesome
do what you l

TODAY
do great work
don't waste time
be kind
make it happen
be awesome
do what you love

8. ORGANIZACIÓN DE TAREAS

En un centro wellness SPA, la organización del trabajo de los terapeutas es fundamental para brindar servicios de alta calidad y garantizar una experiencia relajante y satisfactoria para los clientes. A continuación, se presentan algunos aspectos importantes a considerar en la organización del trabajo de los terapeutas en un centro de este tipo:

Capacitación y certificación

Los terapeutas deben estar debidamente capacitados y certificados en sus áreas de especialización. Esto asegura, que el personal tenga las habilidades y el conocimiento necesarios para llevar a cabo los tratamientos y servicios ofrecidos por el centro. Solo personal bien formado, puede garantizar el óptimo funcionamiento del centro.

Horarios y turnos

Es esencial establecer horarios y turnos de trabajo que cubran adecuadamente las horas de operación del centro y que también tengan en cuenta las necesidades del personal, siempre dejándoles tiempo para comer y descansar. Los días y las horas pico requieren cobertura adecuada, para dar el mejor servicio posible.

Reservas y programación

Implementar un sistema de reservas y programación eficiente es esencial para evitar quejas y conflictos de horarios. A la vez poder garantizar que los clientes reciban los tratamientos en los momentos deseados. Esto también puede ayudar a distribuir la carga de trabajo entre los terapeutas de manera equitativa y para esto hay que planearlo con antelación para prever los posibles escenarios.

Servicios y tratamientos

Organizar una lista clara y completa de los servicios y tratamientos que ofrece el centro de SPA, junto con las descripciones y duraciones correspondientes, ayuda a los terapeutas a saber qué ofrecer y permite a los clientes seleccionar sus opciones con facilidad. La carta de tratamientos, tiene que ir acorde con las competencias de los terapeutas disponibles.

Evaluación de clientes

Nuestros clientes normalmente no tendrán patologías, si fuera así deberán ser diagnosticadas por un médico interno o externo y asegurar que no tienen contra-indicado el tratamiento.

Para los clientes sin patologías, antes de proporcionar cualquier servicio, el recepcionista debe aconsejar, por ejemplo, que tratamiento facial le puede venir mejor, los terapeutas deben realizar evaluaciones individuales de los clientes para identificar problemas específicos, preferencias y necesidades. Por ejemplo, cambiar un tratamiento facial si la clienta se quemó tomando el sol. Esta información es valiosa para personalizar los tratamientos y asegurarse de que los servicios se adapten a cada cliente.

Espacios de trabajo adecuados

Asegurarse de que los terapeutas cuenten con espacios de trabajo adecuados y bien equipados. Es importante para que puedan llevar a cabo los tratamientos de manera efectiva y cómoda. Esto incluye salas de masajes, salas de tratamientos faciales, baños de vapor y otros espacios necesarios. No se puede reservar masaje para un cliente si tenemos un masajista disponible, pero todas las cabinas de masaje están ocupadas.

Otros aspectos muy importantes para cuidar de nuestro personal son: Iluminación adecuada, sillas ergonómicas, mesa de trabajo y el ordenador en la altura adecuada.

Protocolos y estándares

Establecer protocolos y estándares de servicio para los terapeutas es esencial para mantener la consistencia, la calidad en la experiencia del cliente y ofrecer un servicio fluido y sin tropezones. Estos protocolos pueden incluir aspectos como la higiene, la atención al cliente, el tiempo de tratamiento y la comunicación, tanto con el cliente, como entre compañeros.

Descansos y bienestar del personal

Los terapeutas también necesitan tiempo para descansar y recuperarse, ya que su trabajo puede ser física y emocionalmente exigente. Asegurarse de que tengan tiempo suficiente entre tratamientos y proporcionar áreas de descanso cómodas puede ayudar a mantener su bienestar y rendimiento, lo que lleva a servicio de mejor calidad.

Formación continua

Fomentar la capacitación continua y la actualización de conocimientos es importante para que el equipo se mantenga al tanto de las últimas tendencias y técnicas en la industria del bienestar. Hay que renovarse continuamente, el que se queda estancado- se queda atrás.

Retroalimentación y mejora continua

Establecer un sistema de retroalimentación, donde los clientes puedan proporcionar comentarios sobre los tratamientos recibidos, ayuda a identificar áreas de mejora y asegura que el centro de SPA pueda mantener altos estándares de servicio. Una vez recibida la opinión de los clientes, es fundamental el uso correcto de la información proporcionada. Los comentarios positivos deben ser vistos y premiados. Los comentarios negativos analizados y revisados. Transparencia en este proceso es fundamental.

Lavandería

El lavado de las toallas, albornoces, sabanas que utiliza el centro, normalmente se puede gestionar de dos maneras: internamente o externamente.

Si es internamente, el centro tiene la maquinaría y el personal necesario, para gestionar el proceso de lavado, secado, doblado y almacenamiento.

Si lo tienen externalizado a través de una empresa privada, esta se encarga de todos los procesos.

Ambos tienen sus pros y sus contras, que debería sopesar el director del centro wellness. El recepcionista puede estar encargado del seguimiento de suministro, sucias, limpias, roturas y almacenadas.

Una buena organización del trabajo de los terapeutas en un centro wellness-SPA no solo mejora la experiencia del cliente, sino que también contribuye al bienestar y satisfacción del personal, lo que a su vez puede conducir a un ambiente de trabajo positivo y productivo. Los clientes distinguen en seguida, si un centro está bien o mal organizado. Falta de coordinación no se puede ocultar durante mucho tiempo.

9. LOS SERVICIOS Y TRATAMIENTOS DENTRO DE UN CENTRO WELLNESS-SPA

Los servicios y tratamientos que se ofrecen en un centro wellness- SPA pueden variar según, el tipo de cliente al cual está enfocado, la demanda, la ubicación, el tamaño del establecimiento y los enfoques específicos del centro.

Algunos centros pueden especializarse en servicios terapéuticos, mientras que otros pueden centrarse en experiencias de relajación y bienestar holístico. Los tratamientos y servicios mencionados son solo una muestra de lo que podría encontrarse en un centro de masaje, SPA y wellness.

Pudiendo tener una amplia gama de sevicios, entre las que destacan ciertas áreas: Masajes, Reflexología, Terapias energéticas, Estética , Hidroterapia

Fitness, Salud.

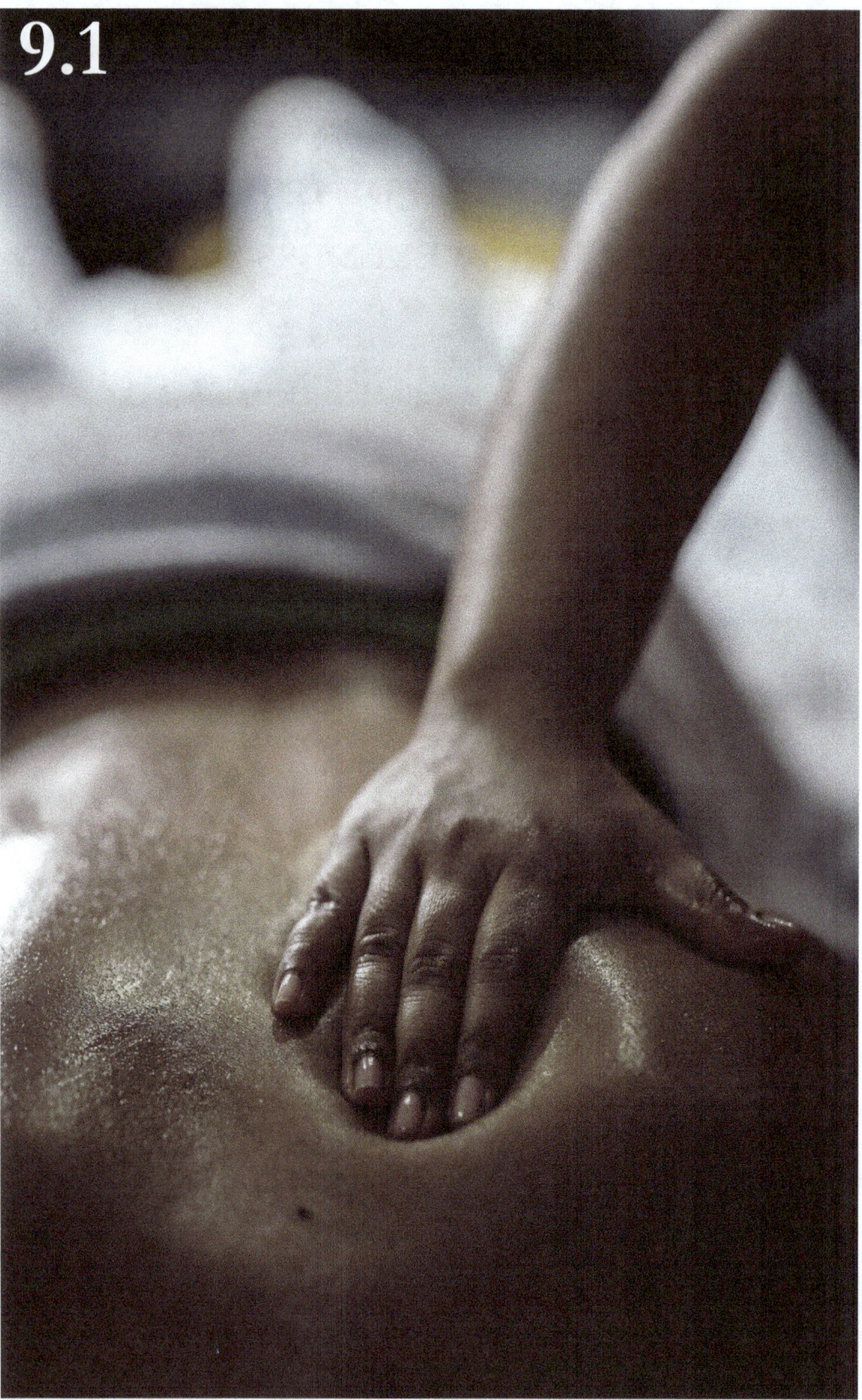

9.1

9.1 EL SERVICIO DE MASAJE

Cada cliente es un mundo y tiene necesidades diferentes, por lo que, una vez elegido su masaje, hay que adaptar este individualmente.

El masaje puede variar en intensidad, desde suave, hasta profundo. Algunas veces se cambia el tipo de aceite, según preferencias o alergias. Hay vece que se puede elegir masaje parcial o cuerpo completo. Todo esto hay que tener en cuenta antes de finalizar la cita del cliente apuntándolo en su ficha.

Con el mismo tipo de masaje se puede llegar a fines diferentes aplicando técnicas distintas dependiendo de las necesidades del cliente. Por ejemplo, un cliente quiere un masaje relajante y otro cliente terapéutico pero los dos están realizados con técnicas de masaje tailandés. Aunque en europa lo más común sería realizar el masaje terapeutico con masaje sueco o similar.

Relajante / Anti-estrés

Masajes diseñados para proporcionar relajación y bienestar, realizando maniobras superficiales con intensidad y presión suave. Es ideal, para personas que no les gusta o no pueden recibir masajes profundos. Pueden incorporar aromaterapia y música suave, para crear un ambiente tranquilo y sereno.

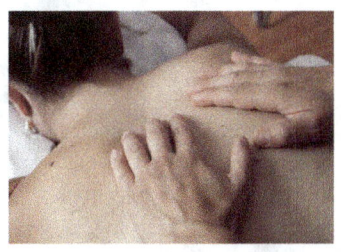

Terapéutico

Masaje normalmente aplicado a una zona con problemas, donde este indicado el masaje para resolverlo. Las técnicas varían dependiendo de zona, lesión terapeuta etc… Aunque suele aplicarse masaje profundo, estiramientos y movilizaciones. Muchas veces usado como un sinónimo erróneo de masaje fuerte.

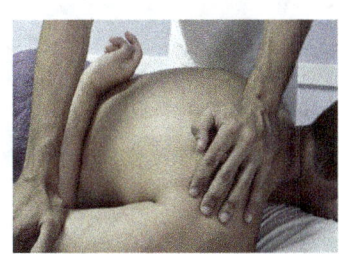

Masaje deportivo

Cualquier masaje que se realice con intención de mejorar la calidad del desarrollo deportivo bien antes, durante o después de la competición. Mejorando el, sistema locomotor y sistema nervioso evitando posibles lesiones y ayudando a la mejora de la expulsión de desechos fisiológicos.

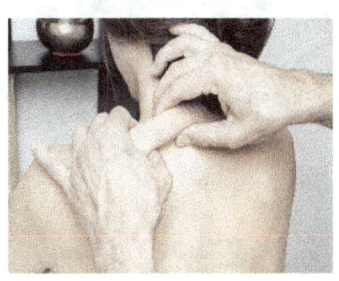

Diferentes estilos de masaje

Dependiendo del territorio, cultura y época, han ido desarrollándose diferentes tipos de masaje con sus características propias.

Aquí solo vamos a dar unos pequeños apuntes para que el recepcionista pueda explicar las diferencias y características de los masajes más comunes.

Masaje Ayurvédico

El masaje ayurvédico proviene de la medicina tradicional india (Ayurveda) y se enfoca en restablecer el equilibrio de los doshas (vata, pitta, kapha) del cuerpo. El terapeuta utiliza aceites medicinales y técnicas de presión para estimular los puntos marma y liberar bloqueos energéticos. Este masaje es personalizado según la constitución y las necesidades individuales del cliente, ya que antes de empezar el terapeuta tiene que analizar el tipo de energía del cliente, para escoger el aceite perfecto en este preciso momento, para recuperar el equilibrio. En este masaje se suele utilizar movimientos largos y aceite abundante, desde la cabeza a los pies. Hay diferentes estilos de masaje ayurveda. Puede trabajarse en camilla o en el suelo.

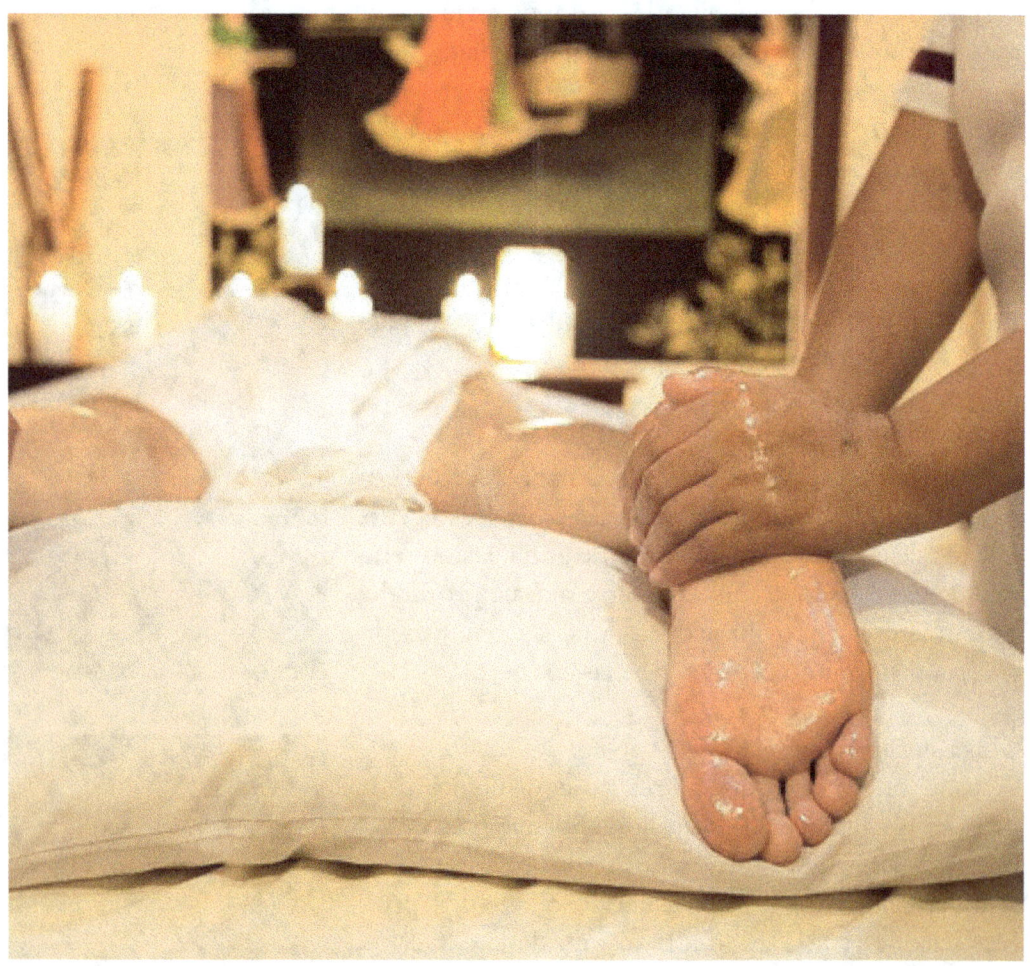

Masaje Balinés

Originario de Bali, Indonesia, el masaje balinés combina técnicas de masaje tradicionales indonesias, chinas e indias. Utiliza movimientos de amasamiento, presiones y estiramientos para relajar los músculos y mejorar la circulación sanguínea, lo cual ayuda regenerar la piel. El masaje balinés también incorpora aceites esenciales para promover una experiencia sensorial completa. Para ayudar a entrar en estado de relajación y armonía, se cubre los parpados con bolsitas de infusiones. En la parte donde se hace las presiones se suele poner una sábana típica, bastante colorida. El masaje es en camilla, el masajista puede subirse a ella para aplicar las presiones con más fuerza.

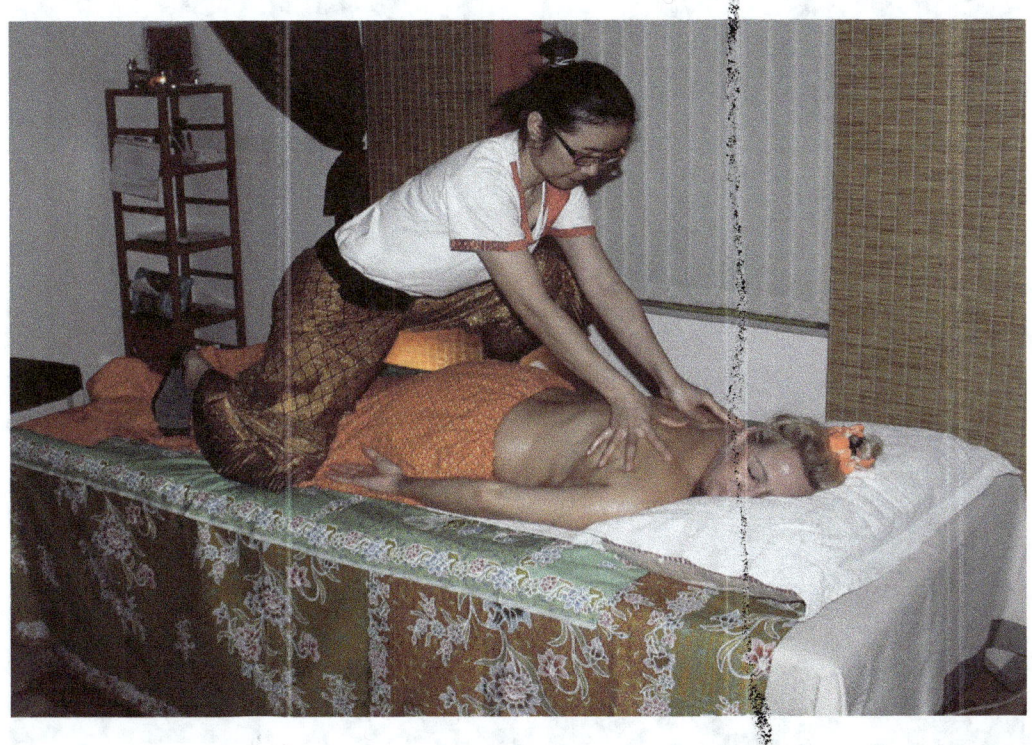

Masaje Tailandés

El masaje tailandés se basa en la antigua medicina tailandesa y es una técnica que combina presiones, estiramientos y movimientos rítmicos. El terapeuta utiliza sus manos, codos, rodillas y pies para aplicar presión en puntos específicos del cuerpo y llevar al receptor a diversas posiciones de estiramiento. Se realiza sobre un colchón o esterilla en el suelo y el receptor vestido con ropa cómoda, para permitir movimiento. En este masaje no se suele usar aceites. El masaje tailandés ayuda a mejorar la flexibilidad, liberar la tensión, recuperar movilidad y equilibrar flujo de energía en el cuerpo.

Tui Na

El Tui Na, conocido como masaje de estirar y agarrar. Es una forma de masaje terapéutico tradicional chino que se basa en la teoría de la medicina tradicional china y la acupuntura. Utiliza movimientos de presión, fricción y estiramientos para estimular los puntos de acupuntura y desbloquear el flujo de energía. Se utiliza para corregir posturas anormales, promover la recuperación del tejido blando, aliviar dolores musculares, mejorar la circulación, mejorar las funciones de los órganos internos y promover la curación del cuerpo.

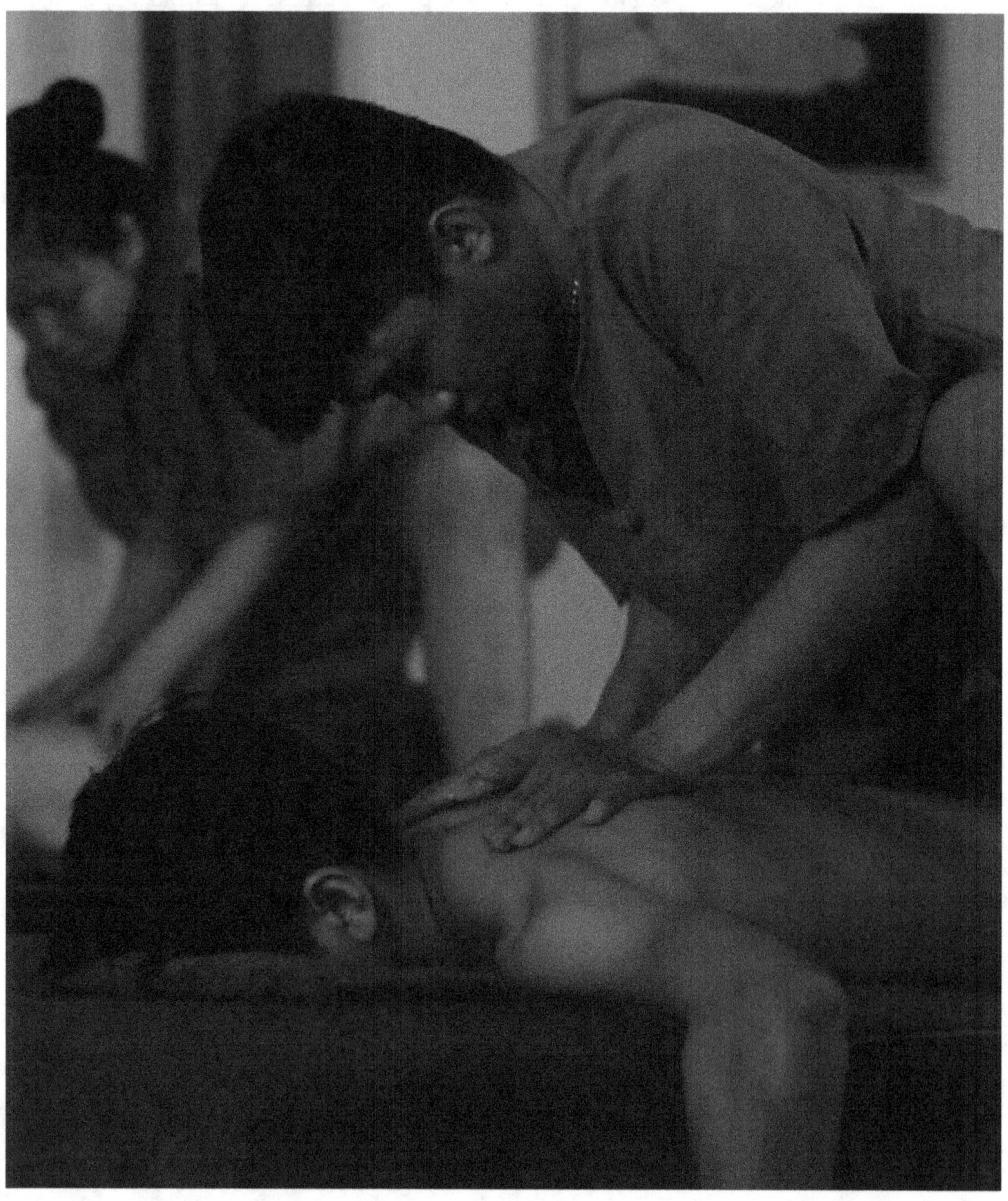

Masaje japonés Kobido

Es un masaje facial tradicional japonés que trabaja 16 músculos faciales e implica movimientos de amasado, golpeteo y presión en puntos específicos del rostro para promover la circulación y el rejuvenecimiento de la piel. Es uno de los masajes faciales más demandados últimamente, ya que es muy efectivo y da resultados instantáneos.

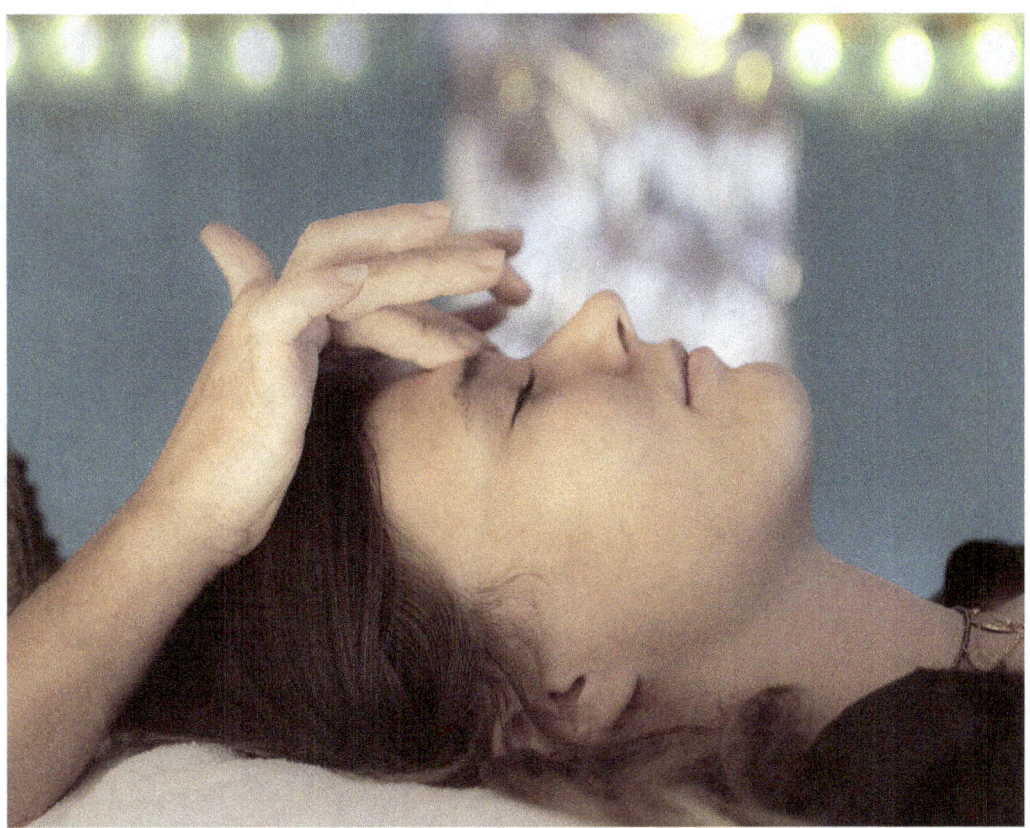

Shiatsu

El Shiatsu es una técnica japonesa que se basa en la acupresión sobre los meridianos de la medicina tradicional china. El terapeuta utiliza los dedos, palmas y codos para aplicar presión en los meridianos o canales de energía del cuerpo. Se enfoca en estimular el flujo de energía (chi o ki) para aliviar tensiones, mejorar el equilibrio y promover la relajación profunda. El objetivo principal es permitir, que la energía vital fluya sin obstáculos, lo cual apoya los procesos de auto curación. No se usa aceite en este masaje y el cliente esta con ropa comoda y tapado con una sábana, sobre esta se trabaja. Se suele trabajar sobre un tatami (en el "suelo").

Masajes de piedras calientes

El masaje de piedras calientes proporciona relajación muscular profunda, reducción del estrés, mejora de la circulación sanguínea, dejando al cliente con la sensación de confort, calma y el bienestar.

Este masaje requiere uso de piedras planas, lisas y redondeadas, típicamente de basalto, por su capacidad natural de retener el calor.

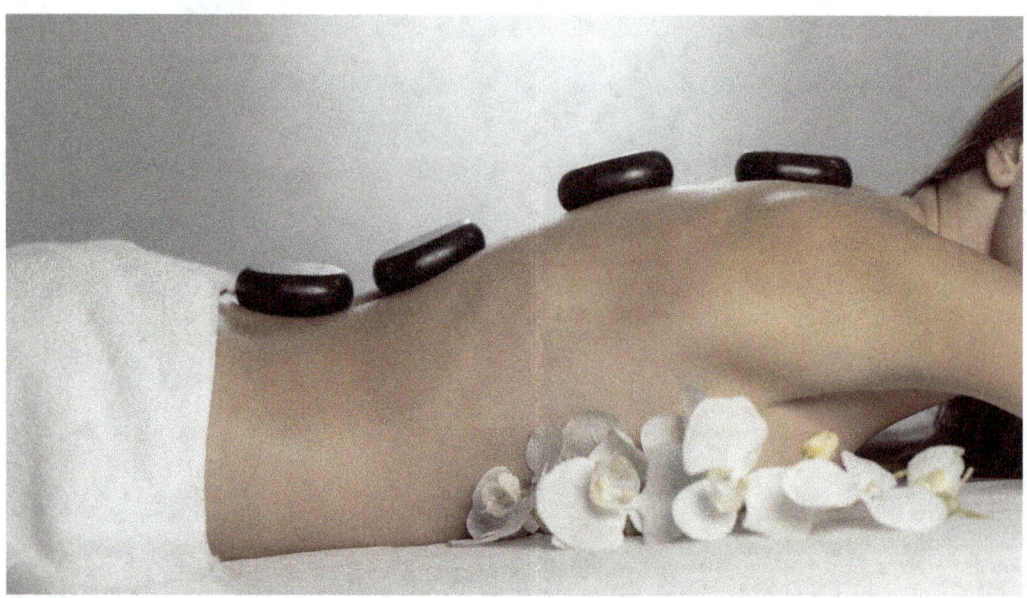

Las piedras se calientan previamente sumergiéndolas en agua caliente o en un calentador especial, para alcanzar temperatura adecuada y segura para el cliente. Antes de acabar el masaje, se retira las piedras y se puede cambiarlas por gemas colocando cada una de ellas en las chacras. Se deja cliente bien tapado para finalizar y dejarle unos minutos de relax.

El masaje sueco

Estilo de masaje europeo más conocido desarrollado por Henrik Ling en Suecia. Por lo general es un masaje fuerte, combinando una serie de técnicas como los pases superficiales largos, los amasamientos, remociones y percusiones. Muy indicado para trabajar la musculatura de forma profunda, alivia la tensión y mejora el retorno venoso.

El masaje californiano

Se originó en el Instituto Esalen en California, Estados Unidos. Esta técnica fue desarrollada por Fritz Perls y Virginia Satir. El masaje californiano se caracteriza por ser un masaje, que trabaja todo el cuerpo, desde la cabeza hasta los pies, con movimientos largos, suave, fluido y holístico, que busca disminuir los estados de dolor, fatiga y cansancio crónico, mejorar la circulación y aumentar la sensación de vitalidad y energía en general. Este masaje suele tener una duración de 60 a 120 minutos y es una excelente terapia antienvejecimiento.

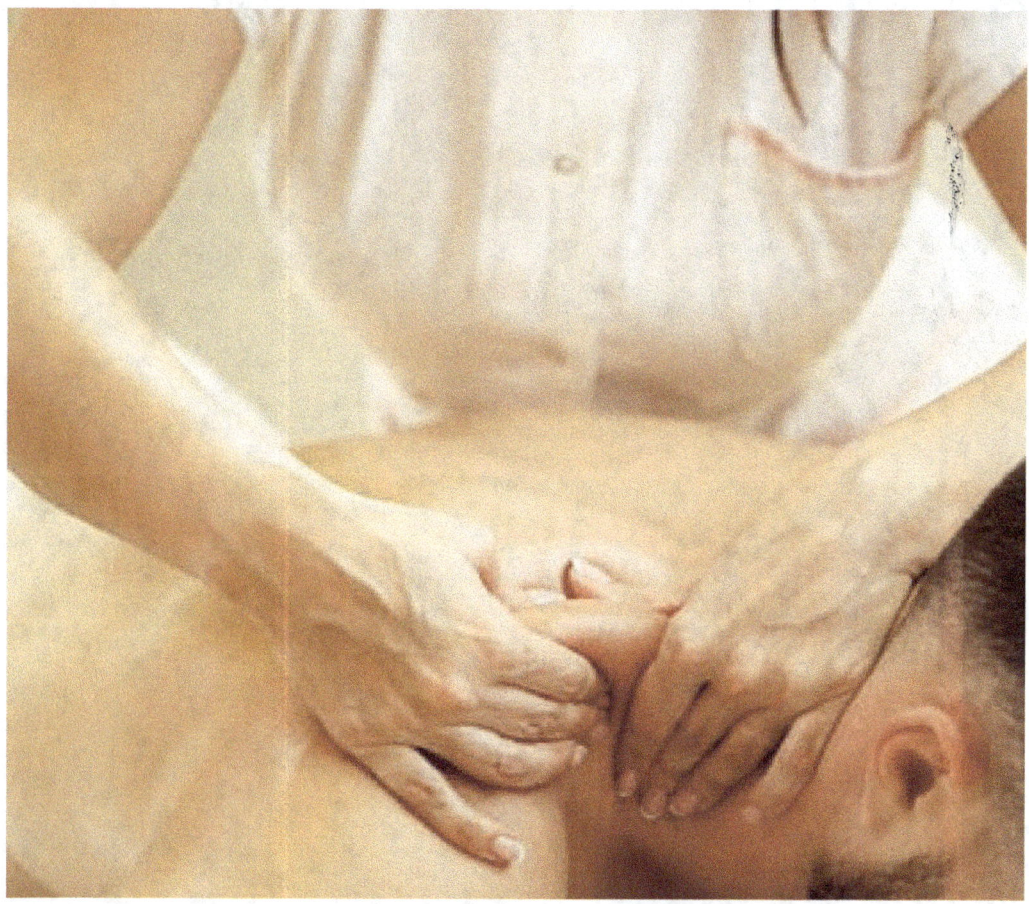

Estos son los masajes más comunes muy resumidos, aunque no son los únicos. Aparte, cada establecimiento puede diseñar su propio masaje dependiendo de su marca y tipo de centro. También decir que cada masajista le puede dar su enfoque personal y adaptarlo al cliente con lo que podríamos tener infinidad de posibilidades. Lo más normal es, que el centro tenga sus protocolos para tener una carta homogénea entre los terapeutas y bien definidas la indicaciones y contraindicaciones de cada masaje.

9.2

9.2 TERAPIAS ENERGÉTICAS
Y REFLEXOLOGIAS

Las terapias energéticas son enfoques de tratamiento basadas en la idea de que el cuerpo humano posee un sistema de energía vital que puede influir en la salud física, mental y emocional. Estas terapias buscan eliminar los bloqueos y reestablecer el flujo de energía. Se centran en equilibrar, canalizar y armonizar esta energía con el objetivo de promover la curación y el bienestar. Aunque hay mucho escepticismo alrededor de estas terapias, muchas personas afirman experimentar beneficios positivos de ellas.

TERAPIAS ENERGÉTICAS

Reiki
Una técnica japonesa que implica la transferencia de energía a través de las manos del terapeuta hacia el receptor. Se cree, que el Reiki ayuda a aliviar dolores, desbloqueando y equilibrando el flujo de energía (ki) en el cuerpo.

Acupuntura
Forma parte de la MTC (medicina tradicional china). Colocan agujas en la piel sobre puntos de los canales energético chinos (meridianos), para mejorar el flujo energético (chi) de estos y recobrar el equilibrio.

Cristaloterapia
Implica el uso de cristales y piedras preciosas, para regular el flujo de energía en el cuerpo y en los campos energéticos que lo rodean, para armonizar y estimular con el fin de mejorar la salud y el bienestar.

Sanación Pránica
Parte de la medicina Ayurveda, basada en la creencia en el "prana", una energía vital que fluye a través del cuerpo. Los practicantes primero detectan problemas y después manipulan esta energía para eliminar bloqueos y restaurar el equilibrio, transformando los procesos del cuerpo.

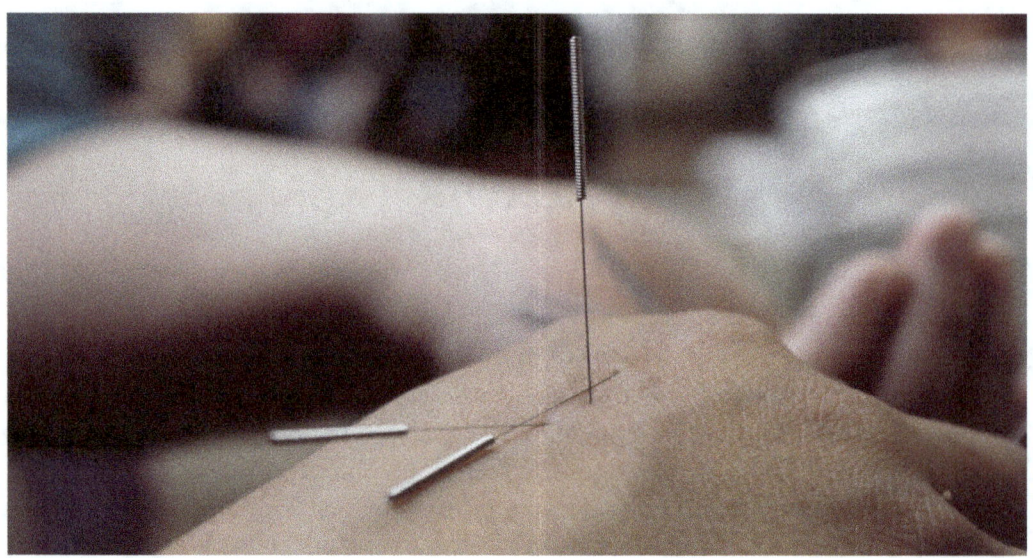

REFLEXOLOGIAS

La reflexología es una terapia basada en la creencia, que en manos, pies y orejas existen puntos reflejos conectados con otras partes del cuerpo, órganos internos, sistemas y glándulas, y que, al aplicar presión en estos puntos, se puede estimular y promover la curación, aliviar dolencias, relajar, lo que lleva a mejorar el bienestar.

De forma similar, que la acupuntura, la reflexología tiene sus fundamentos en la teoría de que por el cuerpo pasan canales de energía (meridianos) y que presionar o masajear estos puntos tiene efectos positivos para la salud, solo que en reflexología estos puntos se localizan en manos, pies y orejas y no a lo largo de los meridianos.

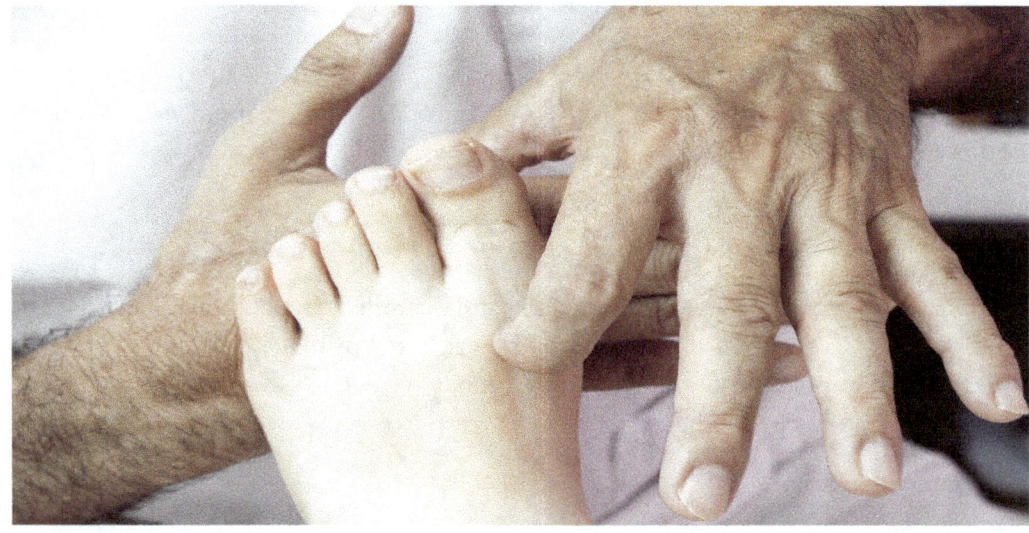

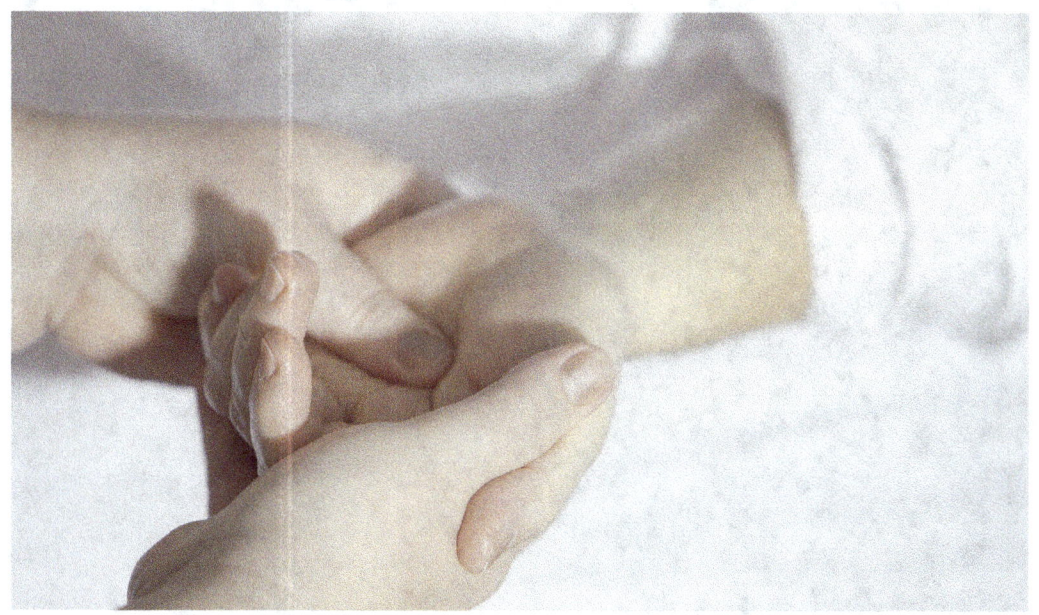

Aspectos comunes en los diferentes tipos de reflexoterapia incluyen

Mapa de puntos reflejos

Cada área refleja en los pies, manos y orejas corresponde a un órgano o sistema específico del cuerpo. Los terapeutas reflexológicos utilizan estos mapas para identificar y tratar áreas específicas dependiendo de las necesidades del cliente, buscando puntos sensibles, con un color distinto, con alguna dureza bajo la piel.

Presión manual

Durante el tratamiento el terapeuta aplica presión manual en los puntos reflejos utilizando técnicas de masaje o presión con los dedos, los pulgares o herramientas específicas. La presión aplicada en puntos reflejos puede mejorar el flujo de energía y promover la curación.

Relajación y alivio del estrés

La reflexología a menudo se asocia con la relajación profunda y el alivio del estrés. Los masajes y la presión aplicada en los puntos reflejos pueden tener un efecto relajante en todo el cuerpo y ayudan conciliar el sueño fácilmente.

Bienestar general

La reflexología puede ayudar a mejorar la circulación sanguínea, aliviar tensiones, reducir el dolor, ayudar a conciliar el sueño y promover un equilibrio general en el cuerpo.

9.3

9.3 LOS TRATAMIENTOS
FACIALES

El mundo de la estética facial es muy amplio. Aquí solo vamos a dar una pincelada a los tratamientos estéticos no médicos. Normalmente cada centro puede trabajar con una o dos casas comerciales de corporal-facial. Esto significa, que pueden escoger una o dos marcas de productos para tratamientos faciales y usarlos en su centro siguiendo sus protocolos, para cada tratamiento. El centro suele trabajar con marcas comerciales en concordancia con la imagen de marca que ellos tengan, (salud, océano, natural, fitness, poder, lujo…). Ejemplos de marcas comerciales conocidas en el mundo wellness: Alqvimia, Thalgo, Thalion, Babor, Decleor, Clarins, Aqua di Parma.

Tratamientos faciales

Hay variedad de tratamientos para el cuidado de la piel, dependiendo de la edad, el estado y condición en que se encuentra. Según sus necesidades pueden incluir exfoliación, limpieza facial, mascarillas y masajes faciales.

Aquí tienes unos ejemplos, dependiendo de las casas comerciales pueden venir con otros nombres o haber tratamientos diferentes, también aplicarse de forma diferente el servicio y los productos.

Tipos de tratamientos faciales

Anti-edad

After sun

Pieles jóvenes

Tratamiento para hombre

Pieles grasas/secas/mixtas/sensibles

Efecto lifting

Limpieza profunda con extracción

Estos servicios pueden venir de forma individual o formar parte de un tratamiento específico más global.

Dentro de estos tratamientos podríamos encontrar

Limpieza facial

Este es un tratamiento o parte de él, que ayuda retrasar el envejecimiento cutáneo. Implica la limpieza profunda de la piel para eliminar impurezas, células muertas y exceso de grasa. Generalmente incluye limpieza, exfoliación, extracción de comedones y aplicación de una mascarilla. Es una manera idónea para mejorar la apariencia y la salud de la piel.

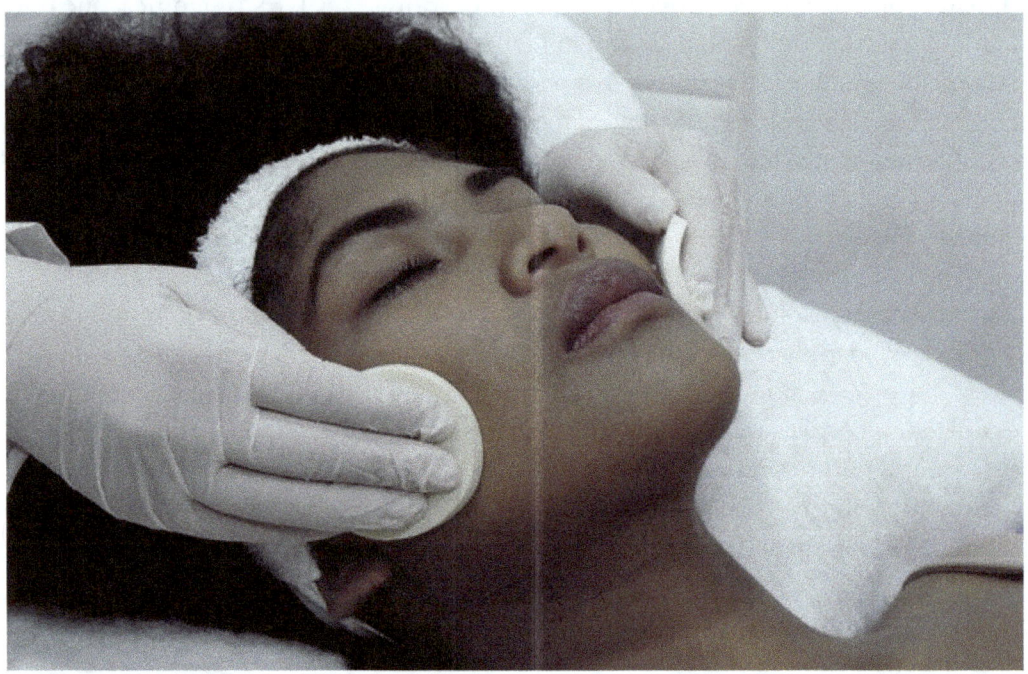

Peeling básico

Un peeling facial básico es un tratamiento, que ayuda remover las células muertas de la piel, mediante exfoliación mecánica suave, que se realiza para promover la regeneración celular y preparar el rostro para mejor absorción de los productos cosméticos. A diferencia de los peelings más intensos, un peeling facial básico generalmente utiliza crema granulosa suave, que se enfoca en la capa más externa de la piel, conocida como epidermis. Este tratamiento ayuda rejuvenecer el rostro, dándole un aspecto más radiante.

Mascarillas

Hay una amplia gama de mascarillas disponibles para diferentes tipos de piel, como mascarillas hidratantes, exfoliantes, reafirmantes y purificantes. Llenan la piel de nutrientes y aportan luminosidad de forma rápida.

Tratamientos de radiofrecuencia

Estos tratamientos, mediante energía de radiofrecuencia estimulan la producción de colágeno y mejoran la firmeza de la piel. Generan energía en forma de calor y se centran en las capas profundas de la piel, disminuyendo la flacidez y eliminando toxinas. Es una técnica no invasiva y no provoca dolor ninguno.

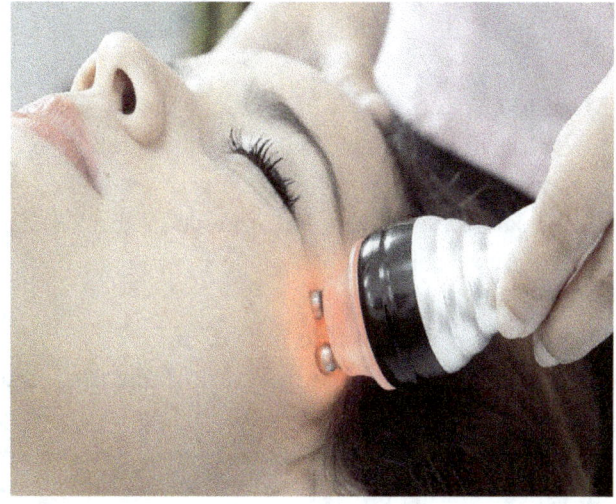

Los masajes faciales como parte de tratamietos estéticos

Si bien son una parte del masaje descrito en el tema anterior son una forma relajante y beneficiosa de cuidar la piel y mejorar su aspecto de forma instantánea. Alivian las tensiones acumuladas, mejoran la circulación sanguínea, promueven la relajación muscular mejorando el contorno facial, estimulan la producción de colágeno y elastina, y brindan un aspecto más rejuvenecido y radiante.

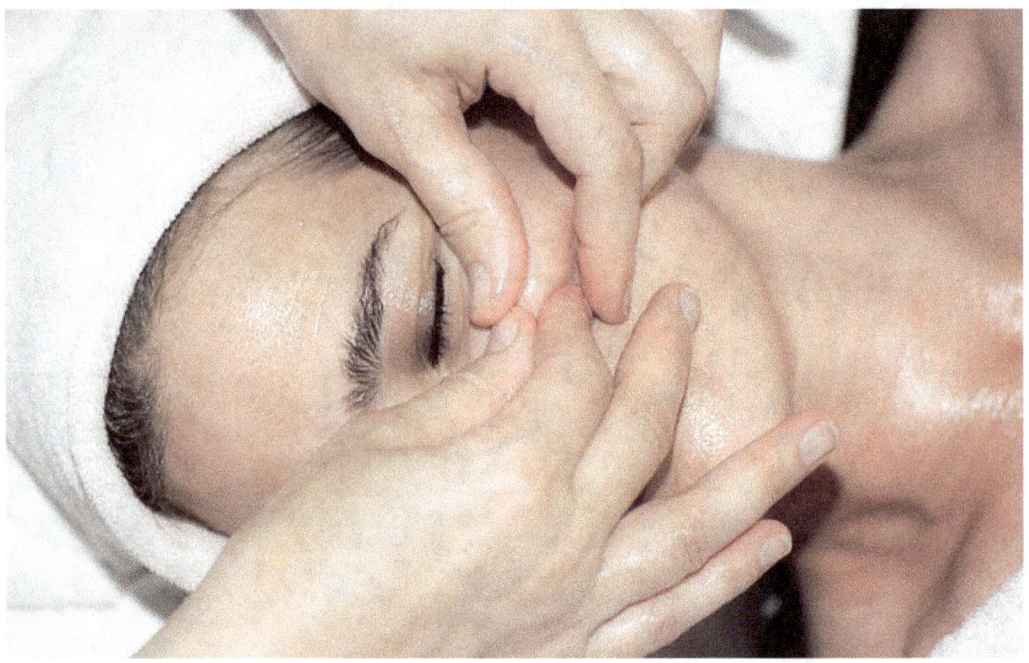

Aquí hay algunas clases de masajes faciales que se pueden realizar dentro o no, de un tratamiento facial y/ corporal

Masaje clásico

Es un masaje suave que se realiza con movimientos circulares y de alisado en el rostro. Ayuda a relajar los músculos faciales, alisa las arrugas y mejora la circulación sanguínea, lo cual promueve la eliminación de las toxinas, dejando el rostro radiante y relajado.

Masaje con rodillos de jade o cuarzo

Utiliza rodillos de gemas como el cuarzo, para rodar sobre la piel. Puede ayudar a reducir la hinchazón y signos del cansancio, mejorar la absorción de productos para el cuidado de la piel, para que verdaderamente penetren en la piel y promover un aspecto radiante.

Masaje de acupresión

Es un antiguo método chino, donde se aplican presiones en puntos de acupuntura específicos del rostro para aliviar la tensión y promover un flujo de energía equilibrado. La acupresión deja la piel luminosa y reafirmada.

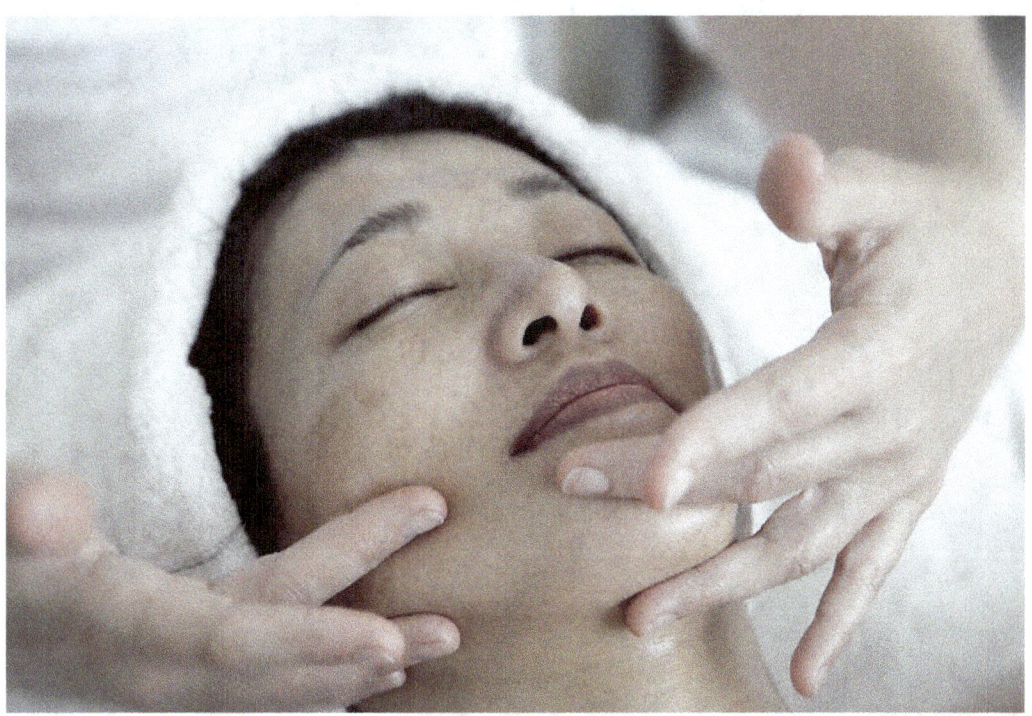

Masaje drenante

Este tipo de masaje ayuda a eliminar toxinas y reducir la retención de líquidos, que ocupan el espacio entre las células en el rostro. Se realizan movimientos suaves y ligeros para estimular el sistema linfático, favorecer la eliminación de deshechos y mejorar la apariencia de la piel.

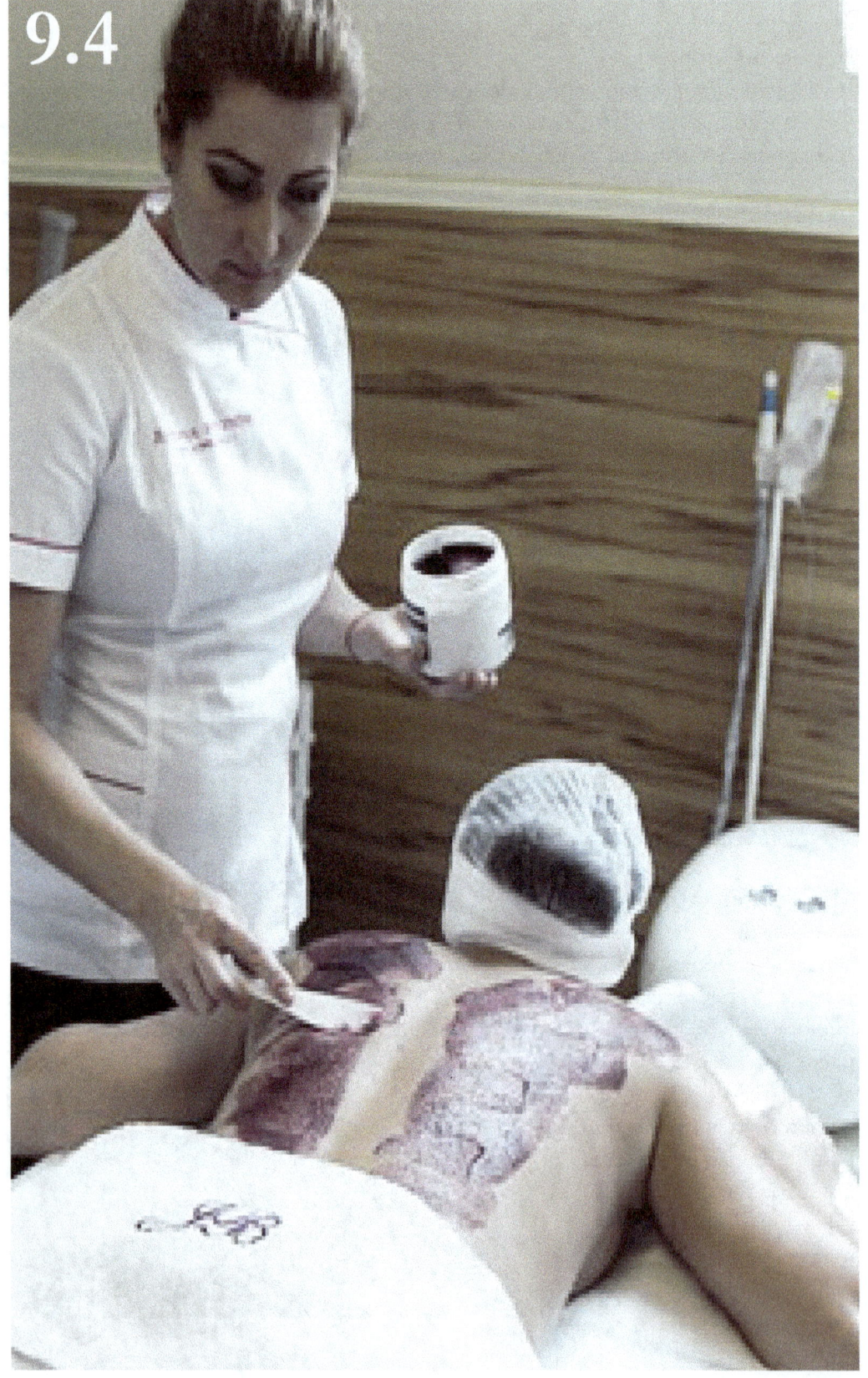

9.4

9.4 LOS TRATAMIENTOS CORPORALES

Se centran en el cuidado y revitalización del cuerpo y aquí tienes los más comunes.

Envolturas corporales

Las envolturas corporales implican la aplicación de mezclas de ingredientes naturales otras más sintéticas en el cuerpo, seguido se envuelve en vendas, plástico o a través de maquinaria específica para su mejor absorción.

Los productos que se usan pueden ser algas, barro o aceites esenciales, cremas y preparados.

Estos quedan en el cuerpo cubierto y envuelto durante 20-30min.

El objetivo de estos tratamientos es ayudar a hidratar, exfoliar, desintoxicar y mejorar la circulación, calmar, tonificar y nutrir la piel dependiendo del producto y la aplicación.

Exfoliación corporal

También conocida como "scrub" corporal, es un tratamiento en el que se utiliza un exfoliante para eliminar las células muertas de la piel y mejorar su textura, lo cual ayuda a mejorar la absorción de los productos para el cuidado corporal. Puede realizarse mediante masajes suaves con productos exfoliantes naturales como sal, azúcar o partículas de frutas. La exfoliación limpia la piel y la prepara para un bronceado uniforme, desintoxica y previene al envejecimiento prematuro.

Tratamientos de adelgazamiento y tonificación

Estos tratamientos están diseñados para ayudar a reducir la celulitis y la grasa, mejorar la elasticidad de la piel, reducir volumen y tonificar los músculos. Pueden incluir técnicas de masaje, aplicación de productos tópicos, para mejorar el contorno y tecnologías como la radiofrecuencia, ondas acústicas, laser frio.

Depilación

Los centros de cuidado estético pueden ofrecer servicios de depilación, que es la eliminación temporal o permanente del vello corporal no deseado. Pudiendo usar métodos como la cera, depilación láser o la electrólisis.

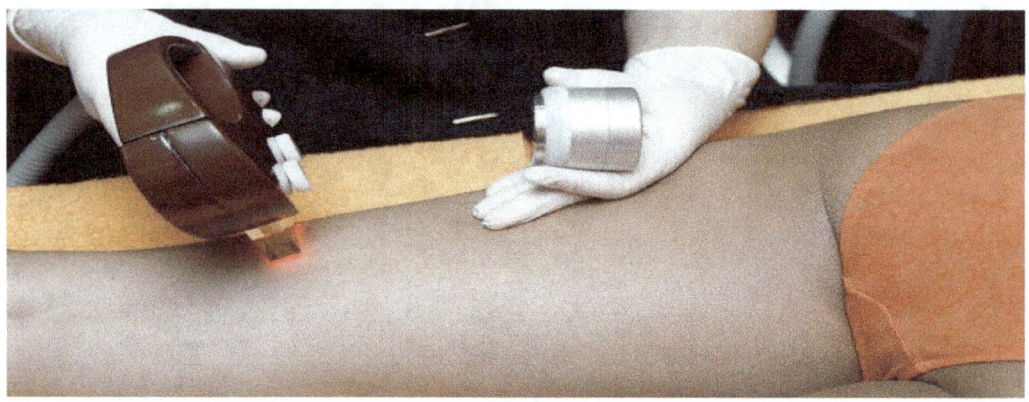

Las manicuras

Tratamientos de cuidado de las uñas de las manos, para embellecer y mejorar su aspecto saludable. Incluyen el remojo de las manos, recorte y limado de las uñas, el cuidado de las cutículas, la exfoliación y la hidratación de las manos, y finalmente la aplicación de esmalte. Cada vez hay más tipos de manicuras, entre las más populares son manicura francesa, de gel, acrílica, de porcelana.

Las pedicuras

Tratamientos para el cuidado y embellecimiento de los pies. Incluyen el remojo, recorte y limado de las uñas de los pies, la eliminación de callosidades, el cuidado de las cutículas y la hidratación de los pies.

Maquillaje

La aplicación de maquillaje profesional puede ser un servicio en algunos centros, bien para la belleza facial o a nivel corporal (aunque menos habitual). Este puede ser requerido para eventos especiales, o simplemente para el día a día.

Peluquería

El cuidado y estilo del cabello es un servicio muy amplio donde hay lavado, corte, peinados, acondicionamiento, permanentes y tintes.

9.5 LOS SERVICIOS DE HIDROTERAPIA

La hidroterapia son tratamientos que utilizan agua en aplicación externa. El agua se aplica en sus diferentes formas y temperaturas con el fin de mejorar la circulación, relajar y promover la curación del cuerpo. Hay variedad de terapias, que se puede ofrecer en un centro, que aprovechan los beneficios del agua y aquí vamos a describir algunas:

Baño de Contraste

Pozas de agua, con aguas a diferentes temperaturas, realizando contrastes. Se alterna las inmersiones para estimular el sistema inmune, promover la circulación sanguínea y revitalizar el cuerpo.

Baño Turco o Hammam

Una habitación con aire caliente y vapor. Ayuda a mejorar la respiración, liberar toxinas y relajar los músculos. Excelente para preparar la piel para una exfoliación y masaje.

Baño de Flotación

Perfecto para quitar la pesadez del cuerpo y aliviar la presión de las articulaciones, gracias a la sensación de ingravidez. Requiere de una piscina con mucha dencidad de agua salada donde el cuerpo flota fácilmente. Proporciona una gran relajación mental.

Chorros Jets de Agua

Diferentes chorros de agua a presión en una piscina especial. Cada uno de los chorros se dirige a una zona específica del cuerpo, proporcionando un masaje, para aliviar tensión y rigidez muscular.

Terapia Vichy

El cliente se acuesta en una cama especial con múltiples duchas de lluvia colocadas encima de la cama. Las duchas relajan y masajean el cuerpo. Este tratamiento es excelente para combinar con exfoliaciones, masajes y envolturas.

Baño de Hidromasaje jacuzzi

Una bañera llena de agua caliente con función de burbujas de aire. El cuerpo sumergido en el agua de burbujas se relaja y alivia tensión muscular.

Baño de Hierbas o aceites esenciales

Una bañera de agua caliente con hierbas medicinales y aceites esenciales. El cuerpo sumergido absorbe a través de la piel las propiedades de las hierbas, beneficiándose terapéuticamente.

Terapia de Cascadas

Duchas para estimular la circulación sanguínea y revitalizar el cuerpo, aplicadas desde diferentes ángulos con agua de diferentes temperaturas y presiones.

Hidroterapia de Manos y Pies

Para aliviar la tensión muscular, dolor de articulaciones y mejorar la circulación sanguínea se sumerge las manos y los pies en baños de agua fría o caliente.

Piscina de hidroterapia o dinámicas

Algunos de estos servicios pueden estar incluidos en piscinas llamadas de hidroterapia o dinámicas, son de temperaturas de 37°C a 39°C. Estas no son aptas para natación y deben ser dos áreas separadas si la hubiera.

Sauna

Incluiremos también en este apartado el uso de la sauna de calor o de infrarrojos, ya que su uso sin duchas y/o baños de contraste no tendría mucho sentido.

Las saunas hace siglos que fueron usadas en diferentes partes del mundo y diferentes culturas. Una sauna es un espacio construido de materiales resistentes al calor, con temperaturas muy altas en el interior. El propósito de la sauna es la eliminación de toxinas, aliviar estrés y el cansancio, relajar y mejorar la circulación. El calor es el elemento esencial en esta terapia y se puede conseguir mediante calentadores eléctricos, de leña o de infrarrojos.

El rango de temperaturas dentro de la sauna oscila entre 70°C y 100°C, dependiendo de la capacidad de la sauna y las preferencias del usuario. Estas altas temperaturas inducen la sudoración para eliminar las toxinas.

Al entrar en la sauna, los usuarios suelen encontrar bancos colocados en distintos niveles, para sentarse o tumbarse cómodamente. Cuanto más alto está colocado el banco, más elevada esta la temperatura.

Una sesión suele durar entre 10 y 20 minutos, dependiendo de las preferencias de los usuarios y la tolerancia a las altas temperaturas. Lo que se siente mientras es calor y sudoración.

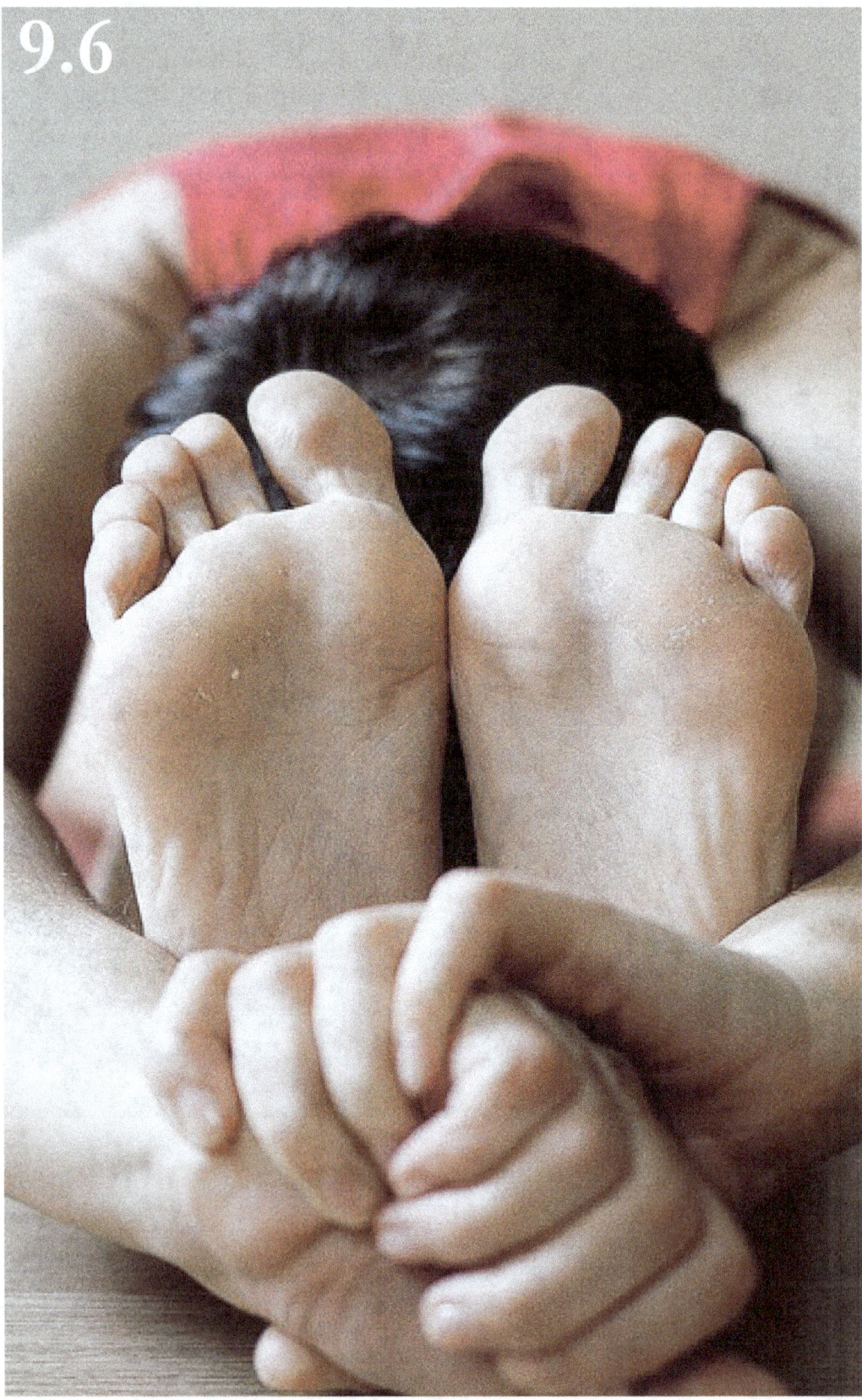

9.6

9.6 EL FITNESS

Esta zona sería el eje central en un centro fitness, en los otros espacios de bienestar lo suelen usar como gancho para crear una buena circulación de clientes para sus otros servicios. Tenemos qué tener cuidado que actividad y dónde la ubicamos en el centro, pues el ruido puede ser excesivo. En esta área puede haber:

Sala gimnasio

Es el area de musculación-tonificación, suele tener estas zonas:

Recepción del monitor- donde suele estar el monitor de sala y donde se recoge la rutina, se firma la entrada y salida del cliente.

Cardio- es donde se encuentran bicicletas estáticas, elípticas, cintas de correr ect..

Peso libre- zona de mancuernas, barras y discos para ejercitarse.

Máquinas de tonificación- en esta parte se trabaja de forma más analítica y controlada.

Estiramiento y abdominales- este espacio suele estar libre de objetos, para poder hacer calentamiento, estiramientos y abdominales.

Salas de actividades

Sala, donde se pueden practicar diferentes actividades dependiendo de estas estarán habilitadas de una forma u otra. Pueden ser ciclo-indoor (spinning), cuerpo y mente (meditación, yoga, tai chi, stretching, pilates suelo), aeróbica (zumba, GAP, aerobox, bailes) ect…

Piscina

Si la hubiera, debería estar completamete separado de los espacios dinámicos de jets, jacuzzis, etc… Con su temperatura y condiciones especificas para el disfrute de la natación.

Aquí te dejamos algunas actividades adicionales, interesantes de conocer por si preguntan al recepcionista, pues poder dar unos pequeños consejos:

Clases de yoga

El yoga se desarrolló hace miles de años como practica espiritual, que incluye posturas físicas, respiración y meditación, para alcanzar el estado de paz, equilibrio, a la vez fortaleciendo el cuerpo y aumentando flexibilidad.

La práctica de yoga incluye diferentes posturas (asanas), ejercicios de respiración (pranayama), meditación y enfoque mental.

Dependiendo del enfoque que le quieren dar, se puede elegir entre varios estilos de yoga. Los más populares son:

Hatha Yoga: Este estilo se centra en las posturas físicas y la alineación del cuerpo. Es adecuado para principiantes y es una base para muchos otros estilos de yoga.

Vinyasa Yoga: Un estilo más dinámico. Se caracteriza por una secuencia fluida de posturas sincronizadas con la respiración.

Yin Yoga: Se centra en posturas pasivas que se mantienen durante períodos prolongados para estirar y mejorar la flexibilidad.

Ashtanga Yoga: Este estilo requiere fuerza y resistencia. Las posturas se ejercen en una secuencia predeterminada, que se realiza en un orden específico.

Clases de taichí

El taichí es una antigua técnica china basada en conceptos de la filosofía taoísta y la medicina tradicional china, que combina movimientos suaves y fluidos junto con la respiración y concentración mental.

Entre los estilos mas conocidos hay:

Yang: su principal característica son movimientos amplios y fluidos, enfocados en relajación y armonía.

Chen: Considerado el estilo original del taichí, es una combinación de movimientos lentos y explosivos, incorporando cambios de velocidad y ritmo.

Fu: Combina el taichí con elementos de defensa personal y lucha, junto con movimientos rápidos y técnicas de combate.

Estilos modernos: Para satisfacer las necesidades y preferencias de diferentes personas, se han creado estilos de taichí combinados, donde se fusiona técnicas varias.

Clases de meditación

La meditación es una práctica mental enfocada en reducir el estrés, mejorar la concentración y promover el bienestar general.

Entre las técnicas de meditación mas populares hay:

Meditacion de Atencion Plena (Mindfulness): se trata de prestar atención a los pensamientos, que surgen en la mente, pero sin juzgar, ni reaccionar. Solamente observar y dejarlos pasar.

Meditación Trascendental (TM): Repetición de un mantra (una palabra o sonido) de manera silenciosa para calmar la mente y llegar a un estado profundo de relajación y conciencia. Se practica durante 15-20 minutos dos veces al día.

Meditación de Sonido o Vibración: Se trata de llegar a la relajación profunda a través de cantos, sonidos o vibraciones.

9.7. SERVICIOS DE SALUD

Algunos centros pueden especializarse en servicios terapéuticos con diferentes terapeutas sanitarios. En los que se dé un servicio más preciso en el ámbito salud, bien médico-estéticos, nutricionista, traumatológicos, fisioterapia, naturopatía, homeopatía o acupuntura.

Cualquiera de estos profesionales en un centro wellness puede atraer a una audiencia más amplia, agregar valor a la experiencia de los clientes-pacientes, al proporcionar un enfoque holístico para el bienestar y la salud. La combinación de tratamientos de wellness con este tipo de asesoramiento personalizado puede mejorar los resultados y promover un estilo de vida saludable en los clientes.

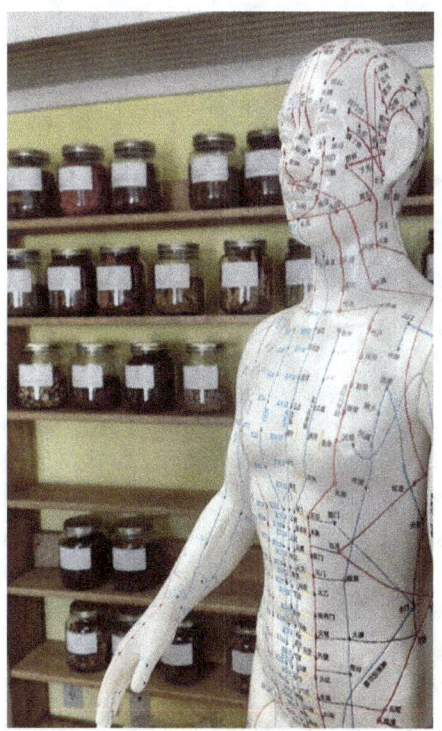

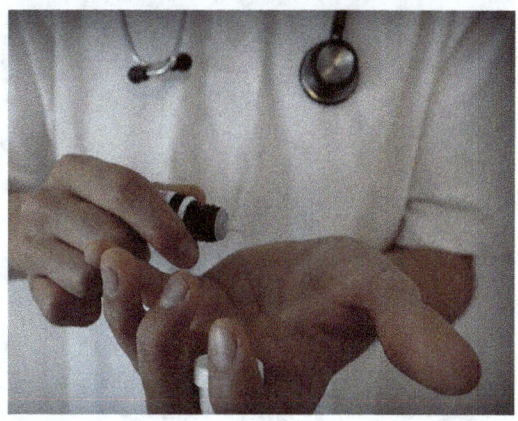

10. VENTA DE PRODUCTOS
EN EL CENTRO

Los productos para la venta en los centros wellness están enfocados en cuidado personal, bienestar y relajación. Estos productos complementan los servicios que se ofrecen en el SPA, dándole al cliente posibilidad de prolongar los efectos de los tratamientos y llevar la experiencia del SPA a su casa.

Algunos tipos de productos comunes para la venta en un SPA-wellness incluyen:

Productos de cuidado de la piel

Cremas, aceites corporales, exfoliantes, lociones con ingredientes naturales, para mejorar la condición y apariencia de la piel.

Aceites esenciales

Aceites esenciales, que se obtiene de las plantas y se usa en aromaterapia para promover la relajación, mejorar el ánimo y la salud en general.

Velas aromáticas

Velas perfumadas con aceites esenciales que ayudan a crear una atmósfera relajante, con el aroma agradable y calmante en el hogar.

Productos para la bañera

Sales de baño, burbujas aromatizadas, bombas efervescentes, espumas y geles de baño, que permiten a los clientes recrear una experiencia de SPA en su propia bañera.

Tés y infusiones

Mezclas de hierbas y tés, para la belleza y la salud de la piel, que promueven la relajación, la desintoxicación o el bienestar general.

Productos de relajación

Cojines aromáticos, mantas SPA, almohadas de aromaterapia, máscaras para los ojos y otros accesorios que ayudan a mejorar la relajación y el descanso.

Ropa y accesorios

Albornoz de SPA, toallas, sandalias, y otros accesorios que los clientes pueden utilizar durante su visita en el centro y en casa.

Suplementos nutricionales

Suplementos, vitaminas y minerales que complementan una dieta saludable y ayudan a revitalizar el cuerpo.

Regalos y sets de regalo

Sets de productos temáticos para regalar o para llevar la experiencia SPA a casa. Sets de relajación, sets de aloe vera, sets de cuidado facial o sets de aromaterapia.

Los Bonos regalo

Es una tarjeta que se compra, para ser canjeada por el servicio o productos del centro. Son muy demandados en fechas señaladas como Navidad, Reyes, San Valentin. También suelen utilizarse como regalos para cumpleaños. Es una buena forma de añadir nuevos clientes, generar ventas anticipadas, promueeven la lealtad del cliente y aumenta la visibilidad de la marca al proporcionar una experiencia positiva. Además pueden impulsar la venta cruzada, ayudando a probar servicios y productos diferentes.

Los productos para la venta deben estar alineados con el enfoque del centro, de alta calidad y naturales, si es posible. Gracias a estos, se genera ingresos adicionales para el SPA y a los clientes les permiten continuar con la experiencia en su hogar o hacer un regalo especial.

Cursos Wellness-SPA

Los otros libros y cuadernos de trabajo del autor

FERNANDO VAZ

Escrito por Fernando Vaz

Osteópata y terapeuta manual con más de 25 años de experiencia, especializado en Dirección y Gestión Wellness-SPA. En estos libros y cuadernos , comparte sus conocimientos y mejores prácticas, para que aprendas desde la teoría hasta la aplicación profesional.

¿Qué encontrarás en estos libros?

<u>Explicación</u> detallada de cada maniobra, desde las más básicas hasta las más avanzadas.

<u>Métodos</u> para personalizar cada sesión según las necesidades individuales de cada persona.

<u>Técnicas</u> efectivas para relajar y descontracturar los tejidos musculares con precisión.

<u>Acceso</u> exclusivo a videos y un curso online, que complementarán tu aprendizaje.

<u>Códigos</u> QR con protocolos de masaje en videos, para una mejor comprensión visual de las técnicas.

Domina el arte del masaje relajante y descontracturante

¿Te gustaría aprender a realizar masajes efectivos que alivien el estrés y la tensión muscular? Con esta guía completa, descubrirás las técnicas esenciales del masaje relajante y descontracturante para ofrecer una experiencia única y transformadora a tus clientes.

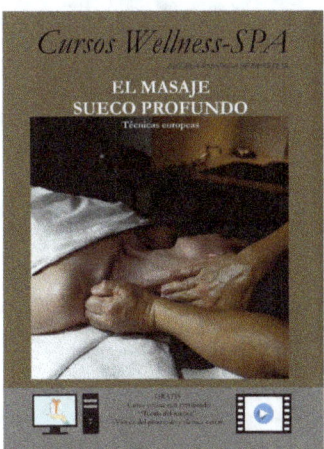

Descubre el arte del masaje sueco

Conviértete en un experto. Si buscas aprender masaje sueco de manera clara, efectiva y profesional, esta guía es para ti. Diseñada tanto para principiantes, como para terapeutas formados, te enseñará paso a paso las técnicas esenciales para ofrecer una experiencia inolvidable a tus clientes.

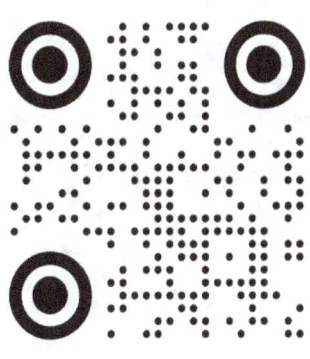

Transforma Cada Sesión de masaje en una Experiencia Inolvidable

Descubre un enfoque profesional y práctico para realizar masajes en manos y pies con técnicas efectivas que combinan lo mejor de la tradición oriental y occidental. En este libro aprenderás a aplicar maniobras precisas para aliviar tensiones, mejorar la circulación y brindar una sensación de bienestar total. Dos enfoques de masaje: con y sin aceite.

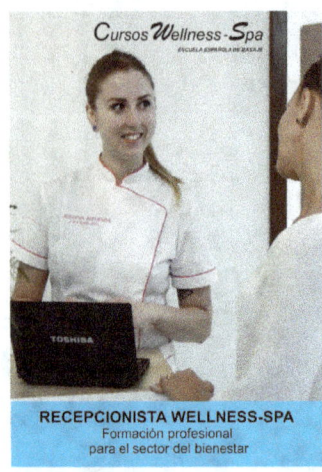

Convéirtete en un experto en recepción para centros SPA & Wellness

Con este libro, adquirirás conocimientos esenciales para desempeñarte con excelencia en la recepción de centros de masajes, SPAs, balnearios, clínicas estéticas y espacios de bienestar. Domina la atención al cliente en entornos de relax y bienestar.

Mejora tu perfil profesional y accede a mejores oportunidades laborales.

Aprende sobre la industria SPA & Wellness y sus estándares de calidad.

El manual imprescindible para recepcionistas, terapeutas y gerentes

Cuaderno de Diagnóstico para Masajistas. La Clave para un Servicio Profesional y Exitoso. ¿Quieres fidelizar a tus clientes, mejorar tu organización y destacar en tu carrera como masajista?

Fichas de masaje personalizadas – Registra datos clave de cada cliente, como necesidades, historial y objetivos.

Preguntas esenciales predefinidas – Facilita la evaluación inicial con consultas estratégicas.

Historial detallado de sesiones – Mantén un control de fechas, técnicas aplicadas y evolución del cliente.

Dibujo anatómico – Marca zonas de dolor, áreas tratadas y progresos en cada sesión.

Seguimiento de técnicas. utilizadas – Registra cada tipo de masaje aplicado: sensitivo, relajante, deportivo, terapéutico, estético o

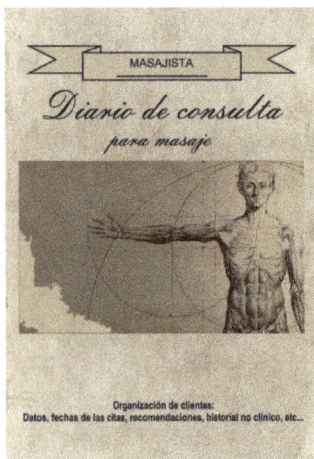

Cuaderno de Prácticas para Masaje

La clave para convertirte en un masajista profesional es la práctica constante.

Este cuaderno te ayudará a organizar, registrar y evaluar cada sesión, asegurando tu progreso y perfeccionamiento en el arte del masaje.

Lleva un control detallado de cada sesión y mejora tu técnica.

Aumenta tu precisión, confianza y sensibilidad manual.

Organiza tu aprendizaje y avanza desde nivel básico hasta experto.

Diseñado para estudiantes y profesionales, que desean mejorar su práctica y destacar en su carrera.

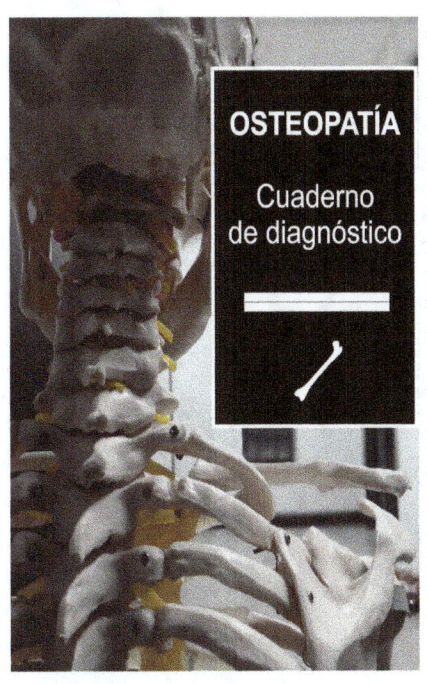

Cuaderno de Diagnóstico de Osteopatía

– Gestión Eficiente para una Consulta Profesional. Este cuaderno de diagnóstico es la herramienta perfecta para osteópatas que desean organizar, registrar y optimizar el seguimiento de hasta 100 pacientes.

Registro estructurado con datos clave (nombre, edad, contacto, historial).
Seguimiento preciso de problemas osteopáticos.
Esquemas anatómicos para visualizar y anotar disfunciones.
Formato práctico y conciso en solo dos páginas por paciente.
Optimización del tiempo y mejora en la experiencia.
delpaciente.

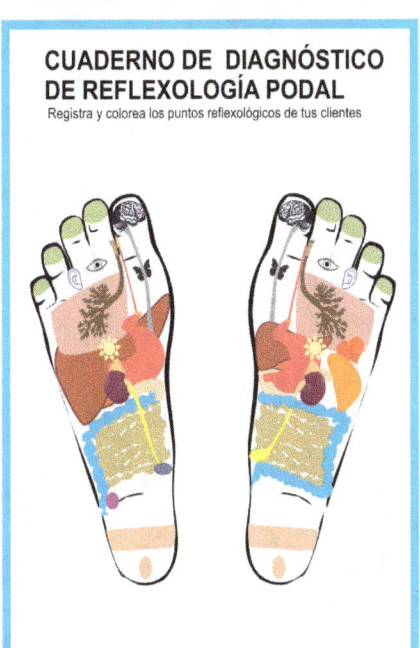

Cuaderno de Diagnóstico de Reflexología Podal

Registra los Puntos Reflexológicos de Cada Cliente. Este cuaderno es el complemento ideal para tus sesiones. Diseñado para ayudarte a registrar de manera clara y organizada cada evaluación, te permitirá analizar, y hacer seguimiento de los puntos reflexológicos de cada paciente.

Incluye plantillas diseñadas para el mapeo reflexológico.
Resalta las zonas de mayor bloqueo energético.
Espacio para notas sobre cada sesión.
Mejora el seguimiento y evolución de tus pacientes.
Optimiza tu práctica y brinda un servicio más personalizado y documentado.

Ideal para principiantes y profesionales.
Tanto, si quieres iniciarte en el mundo del masaje, como si buscas perfeccionar tus habilidades, estos libros y cuadernos te proporcionarán una base sólida y práctica. Además, el sector del masaje está en auge, ofreciendo grandes oportunidades laborales en SPAs, centros de bienestar y como terapeuta independiente.
Potencia tus habilidades y lleva tu práctica al siguiente nivel. ¡Empieza hoy mismo!

NOTAS

NOTAS